29

Cuestiones de a

Director

Carlos Prieto del Campo

Diseño de interior y cubierta: RAG

Traducción de
Marta Malo de Molina Bodelón
Raúl Sánchez Cedillo

1.ª reimpresión, 2013

Repeating Lenin fue publicado originalmente como prólogo
y epílogo de la antología de textos de *Lenin Revolution at the Gates* (Verso, 2002)

Título original: *Repeating Lenin*

© Slavoj Zizek, 2004

© Ediciones Akal, S. A., 2004
para lengua española

Sector Foresta, 1
28760 Tres Cantos
Madrid - España

Tel.: 918 061 996
Fax: 918 044 028

www.akal.com

ISBN: 978-84-460-1860-5
Depósito legal: M-33.984-2004

Impreso en Lavel, S. A.
Humanes (Madrid)

Repetir Lenin

Trece tentativas sobre Lenin

Slavoj Žižek

akal

Índice general

Introducción.
Entre las dos revoluciones

La primera reacción pública ante la idea de reactualizar a Lenin es, claro, un ataque de risa sarcástica: Marx vale; hoy en día incluso en Wall Street hay gente que le adora –Marx, el poeta de las mercancías; Marx, el que proporcionó perfectas descripciones de la dinámica capitalista; Marx, el que retrató la alienación y reificación de nuestras vidas cotidianas–, pero Lenin, no, ¡no puedes ir en serio! ¿No representa Lenin precisamente el FRACASO a la hora de poner en práctica el marxismo, la gran catástrofe que dejó huella en la política mundial de todo el siglo XX, el experimento de socialismo real que culminó en una dictadura económicamente ineficaz? De modo que, de haber algún consenso en (lo que queda de) la izquierda radical de hoy en día, éste estriba en la idea de que, para resucitar el proyecto político radical, habría que dejar atrás el legado leninista: la inquebrantable atención a la lucha de clases, el partido como forma privilegiada de organización, la toma revolucionaria y violenta del poder, la consiguiente «dictadura del proletariado»... ¿no constituyen todos estos «conceptos-zombi» que hay que abandonar si la izquierda quiere tener alguna oportunidad bajo las condiciones del capitalismo tardío «posindustrial»?

El problema con este argumento aparentemente convincente es que suscribe con demasiada facilidad la imagen heredada de un Lenin, sabio dirigente revolucionario, que, después de formular las coordenadas básicas de su pensamiento y práctica en el *¿Qué hacer?*, se limitó a aplicarlas consiguiente e implacablemente. ¿Y si hubiera otra historia que contar sobre Lenin? Es cierto que la izquierda de hoy en día está atravesando una experiencia devastadora del fin de toda una época del movimiento progresista, una experiencia que la obliga a reinventar las coordenadas básicas de su proyecto: sin embargo, una experiencia exactamente homóloga fue la que dio origen al leninismo. Recuerden la conmoción de Lenin cuando, en otoño de 1914, todos los partidos socialdemócratas europeos (con la honorable excepción de los bolcheviques rusos y de los socialdemócratas serbios) adoptaron la «línea patriótica». Lenin llegó a pensar que el número de *Vorwärts*, el diario de la socialdemocracia alemana, que informaba de cómo los socialdemócratas habían votado en el *Reichstag* a favor de los créditos militares era una falsificación de la policía secreta rusa destinada a engañar a los obreros rusos. En aquella época del conflicto militar que dividió en dos el continente europeo, ¡qué difícil era rechazar la idea de que había que tomar partido en este conflicto y luchar contra el «fervor patriótico» en el propio país! ¡Cuántas grandes cabezas (incluida la de Freud) sucumbieron a la tentación nacionalista, aunque sólo fuera por un par de semanas!

Esta conmoción de 1914 fue –por expresarlo en palabras de Alain Badiou– un *desastre*, una catástrofe en la que desapareció un mundo entero: no sólo la idílica fe burguesa en el progreso, sino TAMBIÉN el movimiento socialista que la acompañaba. El propio Lenin (el Lenin de *¿Qué hacer?*) sintió que se hundía el suelo bajo los pies; no hay, en su reacción desesperada, ninguna satisfacción, ningún «¡os lo dije!». ESTE momento de *Verzweiflung* [desesperación], ESTA catástrofe abrió el escenario para el acontecimiento leninista, para romper el historicismo evolutivo de la Segunda Internacional, y sólo Lenin estuvo a la altura de esta apertura, sólo él articuló la Verdad de la catástrofe. En este momento de desesperación nació el Lenin que, dando un rodeo por la atenta lectura de la *Lógica* de Hegel, fue capaz de identificar la oportunidad única de la revolución. Resulta crucial hacer hincapié en esta relevancia de la «alta teoría» para la lucha política más concreta *hoy*, cuando hasta a un intelectual tan comprometido como Noam Chomsky le gusta recalcar la poca importancia que tiene el conocimiento teórico para la lucha política progresista: ¿de qué sirve estudiar grandes textos filosóficos y socioteóricos para la lucha de hoy en día contra el modelo neoliberal de globalización? ¿No estamos tratando o bien hechos evidentes (que no hay más que hacer públicos, algo que Chomsky está haciendo en sus numerosos textos políticos) o bien una complejidad tan incomprensible que no podemos entender nada? Contra esta tentación antiteórica, no basta con llamar la atención sobre la gran cantidad de presupuestos teóricos existentes acerca de la libertad, el poder y la sociedad, que abundan también en los textos políticos de Chomsky; cabe sostener que es más importante ver cómo, hoy en día, quizá por primera vez en la historia de la humanidad, nuestra experiencia cotidiana (de la biogenética, la ecología, el ciberespacio y la realidad virtual) nos obliga a TODOS a enfrentarnos a los temas filosóficos esenciales sobre la naturaleza de la libertad y la identidad humana, etc. Volviendo a Lenin, su libro *El Estado y la revolución* es el correlato estricto de esta experiencia devastadora de 1914. La absoluta implicación subjetiva de Lenin en ella queda clara desde su célebre carta a Kamanev de julio de 1917:

> *Entre nous* [«entre nosotros»]: si me matan, te pido que publiques mi cuaderno «El marxismo y el Estado» (que abandoné en Estocolmo). Está forrado con una cubierta azul. Se trata de una recopilación de todas las citas de Marx y Engels, así como de Kautsky con-

tra Pannekoek. Hay una serie de observaciones y notas, formulaciones. Creo que con una semana de trabajo se podría publicar. Lo considero importante porque no sólo Plejánov, sino también Kautsky están equivocados. Condición: todo esto es *entre nous*[1].

La implicación existencial es aquí extrema, y el núcleo de la «utopía» leninista surge a partir de las cenizas de la catástrofe de 1914, en su ajuste de cuentas con la ortodoxia de la Segunda Internacional: el imperativo radical de aplastar el Estado burgués, lo cual significa el Estado COMO TAL, e inventar una nueva forma social común sin ejército, policía o burocracia permanente, en la que todos pudieran participar en la administración de los asuntos sociales. Esto no era para Lenin un proyecto teórico para un futuro remoto, ya que en octubre de 1917 Lenin proclamó que «ahora mismo podemos poner en marcha un aparato estatal constituido por 10, si no 20, millones de personas»[2]. *Este impulso del momento es la verdadera utopía.* Con lo que habría que quedarse es con la LOCURA (en sentido kierkegaardiano estricto) de esta utopía leninista, mientras que el estalinismo representa, si acaso, un retorno del «sentido común» realista. Es imposible sobrestimar el potencial explosivo de *El Estado y la revolución,* en el que «se prescinde abruptamente del vocabulario y de la gramática de la tradición occidental de la política»[3]. Lo que vino a continuación puede llamarse, apropiándonos del título del texto de Althusser sobre Maquiavelo, *la solitude de Lenine* [la soledad de Lenin]: un periodo en el que éste se encontró básicamente solo, luchando contra la corriente en su propio partido. Cuando, en sus «Tesis de abril» de 1917, Lenin identificaba el *Augenblick*, la oportunidad única para una revolución, sus propuestas se toparon primero con el estupor o el desdén de la gran mayoría de compañeros de partido. Dentro del partido bolchevique, ningún dirigente destacado respaldaba su llamamiento a la revolución y *Pravda* tomó la extraordinaria medida de disociar al partido, y al consejo de redacción en su totalidad, de las «Tesis de abril» de Lenin. Lejos de ser un oportunista que halagaba y explotaba los ánimos imperantes entre el pueblo, las visiones de Lenin eran sumamente idiosincráticas. Bogdánov caracterizó las «Tesis de abril» como «el delirio de un loco»[4] y la propia Nadezhda Krupskaya concluyó que «temo que parezca como si Lenin se hubiera vuelto loco»[5].

En febrero de 1917, Lenin era un emigrante político semianónimo, desamparado en Zúrich, sin ningún contacto fiable con Rusia, que se enteraba la mayoría de las veces de

---

[1] Vladimir Ilitch LENIN, *Collected Works*, Moscú, Progress Publishers, 1965, vol. 42, p. 67 [ed. cast.: *Obras completas*, 57 vols., Moscú, Editorial Progreso, 1985, vol. 42].

[2] Citado en Neil HARDING, *Leninism*, Durham, Duke University Press, 1996, p. 309.

[3] Neil Harding, *Leninism*, cit, p. 152.

[4] Citado en Neil Harding, *Leninism*, cit., p. 87.

[5] *Ibid.*

los acontecimientos a través de la prensa suiza; en octubre, dirigió la primera revolución socialista exitosa: así que ¿qué sucedió entre medias? En febrero, Lenin percibió de manera inmediata la oportunidad revolucionaria, resultado de circunstancias contingentes únicas. Si no se aprovechaba el momento, la oportunidad de revolución se habría perdido, quizá por décadas. En su testaruda insistencia en que había que arriesgarse y pasar a la siguiente fase, es decir, REPETIR la revolución, Lenin estaba solo, ridiculizado por la mayoría de los miembros del Comité Central de su propio partido: no obstante, por más indispensable que fuera la intervención personal de Lenin, no se debería modificar la historia de la Revolución de Octubre para convertirla en la del genio solitario enfrentado a las masas desorientadas que paulatinamente va imponiendo su visión. Lenin tuvo éxito porque su llamamiento, soslayando a la *nomenklatura* de partido, encontró eco en lo que uno se siente tentado a llamar micropolítica revolucionaria: la increíble explosión de democracia de base, de comités locales que empezaban a aparecer inesperadamente por todas las grandes ciudades de Rusia y que, al mismo tiempo que ignoraban la autoridad del gobierno «legítimo», tomaban las cosas en sus manos. Ésta es la historia no contada de la Revolución de Octubre, el reverso del mito del grupo minúsculo de revolucionarios entregados e implacables que llevaron a cabo un golpe de Estado.

Lenin era plenamente consciente de la paradoja de la situación: en la primavera de 1917, después de la Revolución de Febrero que derrocó el régimen zarista, Rusia era el país más democrático de toda Europa, con unas cotas sin precedentes de movilización de masas, libertad de organización y libertad de prensa; y, sin embargo, esta libertad volvió la situación opaca, profundamente ambigua. Si hay un hilo común que recorre todos los textos de Lenin escritos «entre medias de las dos revoluciones» (la de febrero y la de octubre), es su insistencia en el desajuste que separa los contornos formales «explícitos» de la lucha política entre la multitud de partidos y otros sujetos políticos de los intereses sociales reales de la misma (paz inmediata, distribución de la tierra y, por supuesto, «todo el poder a los soviets», es decir, el desmantelamiento de los aparatos estatales existentes y su sustitución por nuevas formas comunales de administración social). Este desajuste es el desajuste entre la revolución en tanto que explosión imaginaria de libertad en pleno entusiasmo sublime, en tanto que momento mágico de solidaridad universal cuando «todo parece posible», y el duro *trabajo* de reconstrucción social que hay que realizar si esta explosión entusiasta pretende dejar huellas en la inercia del propio edificio social.

Este desajuste –repetición del desajuste experimentado entre 1789 y 1793 en la Revolución Francesa– es precisamente el espacio de la intervención única de Lenin: la lección fundamental de *materialismo* revolucionario que nos da es que la revolución debe golpear dos veces, y por motivos esenciales. El desajuste no es simplemente el desajuste entre forma y contenido, dado que en lo que falla la «primera revolución» no es en el contenido, sino en *la forma misma*: sigue atascada en la vieja forma, en la idea de que la libertad y la justicia se pueden lograr simplemente haciendo uso del aparato estatal ya existente y de sus mecanismos democráticos. ¿Y si el partido «bueno» gana las elecciones libres y lleva a cabo «legalmente» la transformación socialista? (La expresión más clara de esta ilusión, rayando el ridículo, la tenemos en la tesis de Karl Kautsky, formulada en la década de los veinte, de que la forma política lógica de la primera fase del socialismo, del paso del capitalismo al socialismo, es la coalición parlamentaria de partidos burgueses y proletarios.) Se puede trazar aquí un perfecto paralelismo con los inicios de la modernidad, cuando la oposición a la hegemonía ideológica de la Iglesia se articuló en un primer momento mediante la propia forma de otra ideología religiosa, como una *herejía*: de acuerdo con esta misma pauta, los partidarios de la «primera revolución» quieren subvertir la dominación capitalista bajo la misma forma política de la democracia capitalista. Se trata de la «negación de la negación» hegeliana: en primer lugar, se niega el viejo orden dentro de su propia forma ideológico-política; a continuación, hay que negar la forma misma. Quienes vacilan, quienes tienen miedo de dar el segundo paso de superar la propia forma, son quienes (por repetir a Robespierre) quieren una «revolución sin revolución». Y Lenin despliega toda la fuerza de su «hermenéutica de la sospecha» en la identificación de las distintas formas de este repliegue.

En sus escritos de 1917, Lenin reserva su ironía mordaz más cáustica para quienes se meten en la búsqueda sin fin de algún tipo de «garantía» de la revolución; esta garantía adopta dos formas fundamentales: bien la noción reificada de Necesidad social (no deberíamos arriesgarnos a la revolución demasiado pronto; hay que esperar al momento adecuado, cuando la situación esté «madura» con respecto a las leyes del desarrollo histórico: «Es demasiado pronto para la revolución socialista, la clase obrera todavía no está madura»), bien la legitimidad normativa («democrática»: «La mayoría de la población no está de nuestro lado, así que la revolución no sería realmente democrática»). Tal y como lo expresa Lenin repetidas veces, es como si el agente revolucionario, antes de arriesgarse a tomar el poder estatal, debiera obtener el permiso de alguna figura del gran Otro (organizar un referéndum que establecería que la mayoría apoya la revolución). Con Lenin, al igual que con Lacan, la revolución *ne s'autorise que d'elle-meme* [sólo se autoriza por sí misma]: se debería asumir el ACTO revolucionario sin la cobertura del gran Otro: el miedo a tomar el poder «prematuramente», la búsqueda de garantías, es el miedo al abismo del acto. En esto reside la dimensión fundamental de lo que Lenin denuncia sin cesar como «oportunismo» y su envite es que el «oportunismo» es una postura que es de suyo, inherentemente, falsa y que oculta el miedo a efectuar el acto tras la pantalla protectora de hechos, leyes o normas «objetivos», lo cual explica que la primera medida para combatirlo sea *anunciarlo* claramente: «¿Qué hacer, entonces? Debemos *aussprechen was ist* [expresar lo que hay], "exponer los hechos", admitir la verdad de que hay una tendencia, o una opinión, en nuestro Comité Central»[6].

---

[6] Vladimir Ilitch Lenin, *Collected Works*, cit., vol. 33, p. 422.

La respuesta de Lenin no consiste en hacer referencia a un conjunto DIFERENTE de «hechos objetivos», sino en repetir la argumentación que Rosa Luxemburg hizo una década antes contra Kautsky: aquellos que esperan a que lleguen las condiciones objetivas de la revolución, esperarán siempre. Una postura como ésta, característica del observador objetivo (y no de un agente implicado), es de por sí el principal obstáculo de la revolución. La contraargumentación de Lenin contra la crítica formal-democrática al segundo paso es que esta opción «democrática pura» es de por sí utópica: en las circunstancias concretas rusas, el Estado burgués-democrático no tiene ninguna posibilidad de sobrevivir. El único modo «realista» de proteger las verdaderas conquistas de la Revolución de Febrero (libertad de organización y de prensa, etc.) pasa por avanzar hacia la revolución socialista; de otro modo, la reacción zarista vencerá.

La lección básica de la noción psicoanalítica de temporalidad es que hay cosas que hay que hacer para descubrir que son superfluas: en el transcurso del tratamiento, uno pierde meses en falsos movimientos hasta que «algo hace clic» y uno encuentra la fórmula adecuada, aunque retroactivamente parecen superfluos, estos rodeos eran necesarios. ¿No vale esto mismo también para la revolución? ¿Qué sucedió entonces cuando, en sus últimos años, Lenin se hizo plenamente consciente de las limitaciones del poder bolchevique? En este punto, habría que contraponer Lenin a Stalin: a partir de los ultimísimos escritos de Lenin, muy posteriores a su renuncia a la utopía de *El Estado y la revolución*, se pueden discernir los contornos de un modesto proyecto «realista» de lo que el poder bolchevique debería hacer. Debido al subdesarrollo económico y al atraso cultural de las masas rusas, no hay manera de que Rusia «pase directamente al socialismo»; todo lo que el poder de los soviets puede hacer es combinar una política moderada de «capitalismo de Estado» con una intensa educación cultural de las desidiosas masas campesinas. NO el lavado de cerebros de la «propaganda comunista», sino simplemente una imposición paciente y gradual de los estándares civilizados desarrollados. Hechos y cifras revelan «qué inmensa cantidad de trabajo preliminar urgente tenemos todavía que hacer para alcanzar los estándares de un país civilizado normal de Europa occidental [...]. Debemos tener en cuenta la ignorancia semiasiática de la que todavía no nos hemos librado»[7]. De modo que Lenin previene repetidas veces contra cualquier tipo de «implantación [directa] del comunismo»: «Bajo ningún concepto debe entenderse esto en el sentido de que deberíamos limitarnos a propagar inmediatamente por el campo ideas estrictamente comunistas. Mientras a nuestro campo le falte la base material para el comunismo, hacerlo sería de hecho pernicioso, diría yo, incluso fatal, diría yo, para el comunismo»[8]. Su tema recurrente es, pues, el siguiente: «Lo más pernicioso en este contexto sería la prisa»[9].

---

[7] *Ibid.*, p. 463.
[8] *Ibid.*, p. 465.
[9] *Ibid.*, p. 488.

Contra esta postura de «revolución cultural», Stalin optó por la noción profundamente antileninista de «construir el socialismo en un solo país».

¿Significa esto, entonces, que Lenin adoptó en silencio la crítica menchevique habitual al utopismo bolchevique, su idea de que la revolución debe seguir las fases necesarias predestinadas (ésta sólo puede tener lugar una vez que se den sus condiciones materiales)? En este punto, podemos observar el refinado sentido dialéctico de Lenin en funcionamiento: Lenin es plenamente consciente de que en aquel momento, a principios de la década de los veinte, la principal tarea del poder bolchevique consiste en ejecutar las tareas del régimen burgués progresista (educación general, etc.); sin embargo, el simple hecho de que sea un poder REVOLUCIONARIO PROLETARIO el que lo esté haciendo cambia la situación en un sentido fundamental: hay una oportunidad única de que estas medidas «civilizatorias» se apliquen de tal modo que estén desprovistas de su restringido marco ideológico burgués (la educación general será realmente educación general al servicio del pueblo, no una máscara ideológica para la propagación del estrecho interés de clase burgués, etc.). La paradoja verdaderamente dialéctica estriba, pues, en que la propia *desesperanza* de la situación rusa (el atraso que obliga al poder proletario a llevar a cabo el proceso civilizatorio burgués) es lo que puede convertirse en su ventaja única:

> ¿Y si la absoluta desesperanza de la situación, al estimular los esfuerzos de los obreros y los campesinos diez veces más, nos brindara la oportunidad de crear los requisitos fundamentales de la civilización de un modo diferente al de los países de la Europa occidental?[10]

Tenemos aquí dos modelos, dos lógicas incompatibles, de la revolución: los que esperan el momento teleológico maduro de la crisis final en el que la revolución estallará «a su debido tiempo» por la necesidad de la evolución histórica, y los que son conscientes de que la revolución no tiene un «debido tiempo», los que perciben la oportunidad revolucionaria como algo que surge y que hay que atrapar en los propios periplos del desarrollo histórico «normal». Lenin no es un «subjetivista» voluntarista: en lo que insiste es en que la excepción (el conjunto extraordinario de circunstancias, como las de Rusia en 1917) ofrece una vía para socavar la propia norma. ¿Y no es esta línea de argumentación, esta postura fundamental, más actual hoy que nunca? ¿No vivimos también en una época en la que el Estado y sus aparatos, incluidos sus agentes políticos, son simplemente cada vez menos capaces de expresar las cuestiones clave? La ilusión de 1917 de que los problemas acuciantes a los que se enfrentaba Rusia (la paz, la distribución de la tierra, etc.) podrían haberse resuelto a través de medidas parlamentarias «legales» es idéntica a la ilusión actual de que, por ejemplo, el peligro ecológico puede evitarse a través de una expansión de la lógica de mercado a la ecología (obligando a los contaminadores a pagar el precio del daño que ocasionan).

---

[10] *Ibid.*, p. 479.

I   El derecho a la verdad

¿En qué punto estamos entonces hoy, de acuerdo con los criterios de Lenin? En la era de lo que Habermas designó como *die neue Undurchsichtlichkeit* [«la nueva opacidad»][11], nuestra experiencia cotidiana es más mistificadora que nunca: la propia modernización genera nuevos oscurantismos, la reducción de la libertad se nos presenta como la llegada de nuevas libertades. La percepción de que vivimos en una sociedad de elecciones libres, en la que tenemos que elegir hasta nuestros rasgos más «naturales» (la identidad étnica o sexual), es la forma de aparición de su exacto contrario, de la AUSENCIA de verdaderas opciones[12]. La última moda de películas de «realidad alterna», que presentan la realidad existente como uno de los múltiples resultados posibles, señala una sociedad en la que las elecciones ya no importan realmente, quedan trivializadas.

En estas circunstancias, habría que poner especial cuidado en *no confundir la ideología dominante con la ideología que PARECE imperar*. Más que nunca, habría que tener en cuenta la advertencia de Walter Benjamin de que no basta con preguntar cómo una teoría (o arte) determinado declara situarse con respecto a las luchas sociales; habría que preguntar también cómo funciona efectivamente EN estas propias luchas. En el sexo, la actitud de hecho hegemónica no es la represión patriarcal, sino la promiscuidad libre; en el arte, las provocaciones en la línea de las célebres exposiciones «Sensación» SON la norma, el ejemplo de un arte integrado por completo en el *establishment*. Ayn Rand llevó esta lógica a su consumación, complementándola con una especie de giro hegeliano, es decir, reafirmando la propia ideología oficial como su propia y mayor transgresión, como en el título de uno de sus últimos libros de no ficción, *El capitalis-*

---

[11] Véase Jürgen HABERMAS, *Die Neue Unübersichtlichkeit*, Frankfurt am Main, Suhrkamp Verlag, 1985.

[12] Me baso aquí en Anna KORNBLUH, «The Family Man», manuscrito inédito, UCLA, marzo de 2001.

mo, ese ideal desconocido, o en su lema «altos directivos, la última especie estadounidense en peligro de extinción». A decir verdad, en la medida en que el funcionamiento «normal» del capitalismo supone cierto tipo de abjuración de su principio básico de funcionamiento (el modelo del capitalista actual es alguien que, después de haber generado beneficio de manera despiadada, comparte a continuación una porción de este mismo beneficio con generosidad, haciendo grandes donaciones a iglesias, a víctimas de abusos sexuales o étnicos, etc., y haciéndose pasar así por alguien humanitario), el acto máximo de transgresión consiste en afirmar este principio, privándolo de su baño humanitarista. Uno se ve tentado, por lo tanto, a darle la vuelta a la undécima tesis de Marx: la primera tarea hoy en día consiste precisamente en NO sucumbir a la tentación de actuar, de intervenir de manera directa para cambiar las cosas (que a continuación acaba inevitablemente en un callejón sin salida de imposibilidad debilitante: «¿Qué puede uno hacer contra el capital global?») y en dedicarse, en cambio, a cuestionar las coordenadas ideológicas hegemónicas. En suma, nuestro momento histórico es todavía el de Adorno:

> A la pregunta de «¿qué habría que hacer?», en la mayoría de los casos no puedo en verdad sino contestar con un «no lo sé». No puedo sino intentar analizar con rigor lo que hay. En esto hay quien me reprocha: cuando ejerces la crítica, estás a tu vez obligado a decir cómo habría que hacerlo mejor. Esto es lo que considero, sin lugar a dudas, un prejuicio burgués. Ha sucedido muchas veces en la historia que las mismas obras que perseguían objetivos puramente teóricos transformaron la conciencia y, por lo tanto, la realidad social[13].

En la actualidad, si uno sigue una llamada directa a actuar, esta acción no se realizará en un espacio vacío, será una acción INSCRITA en las coordenadas ideológicas hegemónicas: los que «realmente quieren hacer algo para ayudar a la gente» se meten en aventuras (sin duda honorables) como Médicos sin Fronteras, Greenpeace, campañas feministas y antirracistas, que no sólo se toleran sin excepción, sino que incluso reciben el apoyo de los medios de comunicación de masas, aun cuando entren aparentemente en territorio económico (por ejemplo, denunciando y boicoteando empresas que no respetan las condiciones ecológicas o que utilizan mano de obra infantil): se las tolera y apoya siempre que no se acerquen demasiado a determinado límite. Este tipo de actividad proporciona el ejemplo perfecto de interpasividad: de las cosas que se hacen no para conseguir algo, sino para IMPEDIR que suceda realmente algo, que cambie realmente algo. Toda la actividad humanitaria frenética, políticamente correcta, etc., enca-

---

[13] Theodor W. ADORNO, *Vermischte Schriften I*, Frankfurt am Main, Suhrkamp Verlag, 1997, p. 404 [ed. cast. de próxima publicación en Ediciones Akal].

ja con la fórmula de «¡sigamos cambiando algo todo el tiempo para que, globalmente, las cosas permanezcan igual!». Si los Estudios Culturales predominantes critican el capitalismo, lo hacen de la forma codificada ejemplar de la paranoia liberal de Hollywood: el enemigo es «el sistema», la «organización» oculta, la «conspiración» antidemocrática, NO simplemente el capitalismo y los aparatos estatales. El problema de esta postura crítica no sólo estriba en que sustituye el análisis social concreto por la lucha contra fantasías paranoicas abstractas, sino también en que –en un gesto paranoico típico– *redobla* innecesariamente la realidad social, como si hubiera una Organización secreta DETRÁS de los órganos capitalistas y estatales «visibles». Lo que habría que aceptar es que no hace falta una «organización (secreta) dentro de la organización»: la «conspiración» está ya en la organización «visible» como tal, en el sistema capitalista, en el modo en que funcionan el espacio político y los aparatos del Estado.

Tomemos uno de los temas predominantes del mundo universitario radical estadounidense de la actualidad: los estudios poscoloniales. El problema del poscolonialismo es sin duda crucial; sin embargo, los estudios poscoloniales tienden a traducirlo en la problemática multiculturalista del derecho de las minorías colonizadas «a narrar» su experiencia como víctimas, de los mecanismos de poder que reprimen la «alteridad», de modo que, a fin de cuentas, descubrimos que la raíz de la explotación poscolonial está en nuestra intolerancia hacia el Otro y, además, que esta propia intolerancia está enraizada en nuestra intolerancia hacia el «Extraño en nosotros», en nuestra incapacidad para enfrentarnos a lo que reprimimos en y de nosotros, mientras la lucha político-económica se transforma así imperceptiblemente en un drama seudopsicoanalítico del sujeto incapaz de enfrentarse a sus traumas interiores... (¿Por qué seudopsicoanalítico? Porque la verdadera lección del psicoanálisis no es que los acontecimientos exteriores que nos fascinan y/o perturban son meras proyecciones de nuestros impulsos interiores reprimidos. La insoportable realidad de la vida es que, en efecto, ahí fuera hay acontecimientos perturbadores: HAY otros seres humanos que experimentan un intenso goce sexual mientras nosotros somos medio impotentes, HAY personas sometidas a torturas espantosas... Es más, la verdad fundamental del psicoanálisis no consiste en el descubrimiento de nuestro verdadero Yo, sino en el encuentro traumático con un Real insoportable.) El excesivo celo políticamente correcto de la gran mayoría de los profesores universitarios «radicales» actuales a la hora de tratar el sexismo, el racismo, las *sweat shops*[14] del Tercer Mundo, etc., es, pues, en última instancia, una defensa contra su propia y más íntima identificación, una especie de ritual compulsivo cuya lógica oculta es: «¡Hablemos todo lo posible de la necesidad de un cambio radical para asegurarnos de

---

[14] Literalmente, «talleres de sudor»; palabra inglesa (cada vez más utilizada en otras lenguas) con la que se designa a aquellas fábricas en las que los trabajadores están sujetos a largas jornadas de trabajo bajo condiciones laborales infrahumanas. [*N. de la T.*]

que nada cambie realmente!». Con respecto a este sujeto «radical *chic*», el primer gesto hacia los ideólogos y practicantes de la Tercera Vía debería ser de alabanza: por lo menos ellos juegan su juego de manera franca y son honestos en su aceptación de las coordenadas capitalistas globales, a diferencia de los izquierdistas universitarios seudorradicales, que adoptan hacia la Tercera Vía una actitud de completo desdén, mientras su propio radicalismo equivale, en última instancia, a un gesto vacío que no obliga a nadie a nada particular.

Desde luego que aquí hay que establecer una diferencia tajante entre el auténtico compromiso social en beneficio de las minorías explotadas (pongamos, organizar a los trabajadores de campo chicanos empleados ilegalmente en California) y los planteles multiculturalistas/poscoloniales de rebelión intachable, sin riesgos y despachada enseguida que prosperan en los ámbitos universitarios «radicales» estadounidenses. Sin embargo, si, a diferencia de lo que hace el «multiculturalismo corporativo», definimos el «multiculturalismo crítico» como una estrategia que señala que «hay fuerzas comunes de opresión, estrategias comunes de exclusión, estereotipación y estigmatización de los grupos oprimidos y, por consiguiente, enemigos comunes y objetivos comunes de ataque»[15], no veo lo apropiado de seguir usando el término «multiculturalismo», cuando el acento en este caso se desplaza hacia la lucha COMÚN. En su significado habitual, el multiculturalismo se adecua perfectamente a la lógica del mercado global.

Recientemente, los hindúes organizaron en India manifestaciones multitudinarias contra la empresa McDonald's, después de que se supiera que, antes de congelar las patatas fritas, McDonald's las freía en aceite extraído de grasa animal (de vacuno); una vez que la empresa hubo cedido en este punto, garantizando que todas las patatas fritas que se vendieran en India no se freirían más que en aceite vegetal, los hindúes, satisfechos, volvieron alegremente a atiborrarse de patatas fritas. Lejos de socavar la globalización, esta protesta contra McDonald's y la rápida respuesta de la empresa señalaron la perfecta integración de los hindúes en el orden global diversificado.

El respeto «liberal» por los indios resulta, por consiguiente, *condescendiente* sin remedio, al igual que nuestra actitud habitual hacia los niños pequeños: aunque no les tomamos en serio, «respetamos» sus costumbres inofensivas para no hacer añicos su mundo ilusorio. Cuando un visitante llega a un pueblo local con costumbres propias, ¿hay algo más racista que sus torpes intentos de demostrar hasta qué punto «entiende» las costumbres locales y es capaz de seguirlas? ¿No atestigua un comportamiento así la misma actitud condescendiente que la que adoptan los adultos que se adaptan a sus hijos pequeños imitando sus gestos y su forma de hablar? ¿No es legítima la ofensa que sienten los habitantes locales cuando el intruso extranjero imita su manera de hablar? La falsedad condescendiente del visitante no reside meramente en el hecho de que éste se

---

[15] Douglas KELLNER, *Media Culture*, Londres, Routledge, 1995, p. 97.

limite a fingir ser «uno de nosotros». La cuestión es más bien que sólo establecemos un verdadero contacto con los habitantes locales cuando ellos nos revelan la distancia que ellos mismos mantienen con el espíritu de sus propias costumbres. Hay una anécdota muy conocida del príncipe Peter Petrovic Njegos, gobernante de Montenegro en la primera mitad del siglo XIX y célebre por sus batallas contra los turcos, así como por su poesía épica: cuando un visitante inglés en su corte, profundamente conmovido por un ritual local, expresó su deseo de participar en él, Njegos le desairó con crueldad: *«¿Por qué deberías ponerte tú también en ridículo? ¿No basta con que nosotros juguemos estos juegos absurdos?»*...

Además, ¿qué pasa con prácticas como la quema de las mujeres después de la muerte de su marido, que forma parte de la MISMA tradición hindú que las vacas sagradas? ¿Deberíamos (nosotros, los multiculturalistas occidentales tolerantes) respetar también estas prácticas? En este caso, el multiculturalismo tolerante se ve obligado a recurrir a una distinción profundamente *eurocéntrica*, una distinción por completo ajena al hinduismo: toleramos al otro con respecto a las costumbres que no dañan a nadie y en cuanto tocamos alguna dimensión (para nosotros) traumática, la tolerancia se acaba. En suma, la tolerancia es tolerancia al Otro en la medida en que este Otro no sea un «fundamentalista intolerante», lo cual no quiere decir más que en la medida en que no sea el verdadero Otro. La tolerancia es «tolerancia cero» para los verdaderos Otros, para el Otro en el peso sustancial de su *jouissance* [«goce»]. Podemos ver cómo esta tolerancia liberal reproduce la operación «posmoderna» elemental de un acceso al objeto desprovisto de su sustancia: podemos disfrutar café sin cafeína, cerveza sin alcohol, sexo sin contacto corporal directo, y de acuerdo con el mismo patrón incluso accedemos al Otro étnico desprovisto de la sustancia de su Alteridad...

En otras palabras, el problema del multiculturalista liberal es que es incapaz de sostener la indiferencia hacia el goce excesivo del Otro. Este *jouissance* le molesta, lo que explica que toda su estrategia se centre en mantenerlo a la distancia adecuada. La indiferencia hacia el *jouissance* del Otro, la profunda ausencia de envidia, es el componente clave de lo que Lacan llama la posición subjetiva de un «santo». Al igual que los auténticos «fundamentalistas» (pongamos, los *amish*), que se muestran indiferentes, no molestos, ante el goce secreto de los Otros, los verdaderos creyentes en una Causa (universal), como san Pablo, son intencionadamente indiferentes a los hábitos y costumbres locales que, simplemente, *no importan*. A diferencia de ellos, el liberal multiculturalista es un «ironista» rortyano, que siempre mantiene una distancia, que siempre transfiere la creencia a Otros: Otros creen por él, en su lugar. Y, aunque pueda parecer («a sus ojos») que reprocha al Otro creyente por el contenido particular de su creencia, lo que de verdad le molesta («en sí mismo») es *la forma de la creencia como tal*. La intolerancia es intolerancia hacia lo Real de una creencia. De hecho, el liberal multiculturalista se comporta como el marido proverbial que en principio admite que su mujer tenga un amante, sólo que no ESE tío, es decir, al final, cualquier amante particular resulta inaceptable: el liberal tolerante en principio admite el derecho a creer, al mismo tiempo que rechaza cualquier creencia determinada por «fundamentalista». La broma suma de la tolerancia multiculturalista es, por supuesto, el modo en el que se inscribe en ella la diferencia de clase: para colmo (ideológico) de males (político-económicos), los individuos políticamente correctos de las clases altas la utilizan para reprochar a las clases bajas su «fundamentalismo» paleto y conservador[16].

Esto nos conduce a otra pregunta más radical: ¿constituye realmente el respeto por la creencia del otro (pongamos, por la creencia en el carácter sagrado de las vacas) el máximo horizonte ético? ¿No es más bien el horizonte máximo de la ética posmoderna, en la que, dado que la referencia a cualquier forma de verdad universal está descalificada como una forma de violencia cultural, lo único que importa en última instancia es el respeto por la fantasía del otro? O, por expresarlo de un modo más directo si cabe: VALE, se puede sostener que mentir a los hindúes sobre la grasa de vacuno es algo cuestionable desde un punto de vista ético; sin embargo, ¿significa esto que no cabe argumentar públicamente que su creencia (en el carácter sagrado de las vacas) es ya de por sí una mentira, una falsa creencia? El hecho de que en estos momentos estén surgiendo «comités éticos» por todas partes, como setas, apunta en la misma dirección: ¿cómo puede ser que la ética se convierta de pronto en una cuestión de comités burocráticos (administrativos), nombrados por el Estado e investidos de la autoridad de determinar qué línea de acción puede considerarse aceptable desde un punto de vista ético? La respuesta de los teóricos de la «sociedad del riesgo» (nos hacen falta comités porque nos estamos enfrentando a nuevas situaciones en las que ya no es posible aplicar las viejas normas, es decir, los comités éticos son la señal de una ética «reflexionada») resulta claramente insuficiente: estos comités son signo de un malestar más profundo (y, al mismo tiempo, una respuesta inadecuada al mismo).

El problema fundamental del «derecho a narrar» es que se refiere a la experiencia particular única como argumento político: «Sólo una mujer negra lesbiana puede experimentar y decir lo que significa ser una mujer negra lesbiana», etc. Este recurso a la experiencia particular que no se puede universalizar es siempre, y por definición, un gesto político conservador: en última instancia, todo el mundo puede evocar su experiencia única a fin de justificar los actos censurables que ha realizado. ¿No es posible que un verdugo nazi sostenga que sus víctimas no entienden realmente la visión interior que le mueve a hacer lo que hace? De acuerdo con este mismo esquema, en la década de los cincuenta, Veit Harlan, EL director de cine nazi, se desesperaba porque los

---

[16] *Redneck* en el original, que significa literalmente «cuello rojo», pero que en Estados Unidos se utiliza para designar en sentido peyorativo a un campesino (o, por extensión, obrero) blanco de los Estados del sur (los Estados confederados proesclavistas durante la Guerra de Secesión), por lo general políticamente conservador. [*N. de la T.*]

judíos de Estados Unidos no mostraban ninguna comprensión ante su defensa del rodaje de *Jud Süß* [*El judío Süß*], sosteniendo que ningún judío estadounidense podía entender realmente cuál era su situación en la Alemania nazi. Lejos de justificarle, esta verdad obscena (objetiva) era la peor mentira. Además, el hecho de que el mayor alegato por la tolerancia de la historia del cine se hiciera como defensa frente a los «intolerantes» ataques contra un celebrador del Ku Klux Klan dice mucho del extremo hasta el cual «tolerancia» constituye un significante muy «fluctuante», por decirlo empleando términos actuales. Para D. W. Griffith, la película *Intolerancia* no era un modo de exculparse del mensaje racista agresivo de *El nacimiento de una nación*: muy al contrario, se dolía de lo que consideraba «intolerancia» por parte de grupos que intentaron que se prohibiera *El nacimiento de una nación* por su espíritu antinegro. En suma, cuando Griffith se queja de «intolerancia», está mucho más cerca de los actuales fundamentalistas, que critican la defensa «políticamente correcta» de los derechos universales de las mujeres por la «intolerancia» que supone hacia su forma específica de vida, que a la actual valorización multiculturalista de las diferencias.

Por consiguiente, el primer elemento del legado de Lenin que habría que reinventar en la actualidad es *la política de la verdad*, hipotecada tanto por la democracia política liberal como por el «totalitarismo». La democracia, por supuesto, es el reino de los sofistas: sólo hay opiniones, cualquier referencia por parte de un agente político a alguna verdad definitiva se denuncia como «totalitaria». Sin embargo, lo que imponen los regímenes del «totalitarismo» es también una mera apariencia de verdad: una Enseñanza arbitraria cuya función no es más que la de legitimar las decisiones pragmáticas de los Gobernantes[17]. Vivimos en una era «posmoderna» en la que las afirmaciones de verdad se rechazan como tales, en tanto que expresión de mecanismos de poder ocultos: tal y como les gusta recalcar a los nuevos seudonietzscheanos, la verdad es la mentira más eficaz para afirmar nuestra voluntad de poder. La propia pregunta, a propósito de un enunciado cualquiera, de «¿es esto cierto?» queda reemplazada por la pregunta de «¿bajo qué condiciones de poder se puede proferir este enunciado?». En lugar de la verdad universal, tenemos una multitud de perspectivas o, como está en boga decir hoy en día, de «narrativas»; por consiguiente, LOS dos filósofos del capitalismo global de la actualidad son los dos grandes «progresistas» liberales de izquierdas, Richard Rorty y Peter Singer, sinceros ambos en su postura radical. Rorty define las coordenadas básicas: la dimensión fundamental de un ser humano es la capacidad de sufrir, de experimentar dolor y humillación; por consiguiente, puesto que los seres humanos son animales simbólicos, el derecho fundamental es el derecho a narrar la propia experiencia de sufrimiento y de humillación[18]. Singer proporciona

---

[17] Alain BADIOU, *Conditions*, París, Editions du Seuil, 1992, p. 50.

[18] Véase Richard RORTY, *Contingency, Irony, Solidarity*, Cambridge, Cambridge University Press, 1989 [ed. cast.: *Contingencia, ironía y solidaridad*, Barcelona, Paidós, 1991].

el trasfondo darwiniano: el «especismo» (el hecho de privilegiar a la especie humana) no es diferente del racismo. Nuestra percepción de una diferencia entre humanos y (otros) animales no resulta menos ilógica y carente de ética que nuestra antigua percepción de una diferencia ética entre, pongamos, hombres y mujeres o negros y blancos[19].

El problema con Singer no es sólo el hecho francamente obvio de que aunque nosotros, humanos ecológicamente conscientes, estamos protegiendo especies animales en peligro de extinción, nuestro objetivo fundamental con respecto a los grupos humanos oprimidos y explotados NO sólo es «protegerlos», sino, sobre todo, dotarles del poder para hacerse cargo de sí mismos y llevar una vida libre y autónoma. Lo que se pierde en este narrativismo darwinista es sencillamente la dimensión de verdad: NO la «verdad objetiva», como idea de la realidad construida desde un punto de vista que de algún modo flota por encima de la multitud de narrativas particulares. Sin la referencia a esta dimensión universal de verdad, ninguno de nosotros dejamos en el fondo de ser «monos de un frío Dios» (tal y como lo expresara Marx en un poema de 1841)[20], incluso en la versión progresista del darwinismo social de Singer. El envite de Lenin –hoy en día, en nuestra época de relativismo posmoderno, más actual que nunca– consiste en decir que la verdad universal y el partidismo, el gesto de tomar partido, no sólo no son mutuamente excluyentes, sino que se condicionan de manera recíproca: la verdad UNIVERSAL de una situación concreta sólo se puede articular desde una postura por completo PARTIDISTA: la verdad es, por definición, unilateral. Esto, por supuesto, va en contra de la *doxa* predominante de compromiso, de encontrar un camino intermedio entre la multitud de intereses en conflicto. Si no se especifican los CRITERIOS de la narrativización diferente, alternativa, entonces este intento corre el peligro de respaldar, en el espíritu políticamente correcto, «narrativas» ridículas, como las que hablan de la supremacía de alguna sabiduría holística aborigen, y de rechazar la ciencia como otra narrativa más, parangonable a cualquiera de las supersticiones premodernas. La respuesta leninista al «derecho a narrar» multitculturalista posmoderno debería ser, por lo tanto, una afirmación sin tapujos del *derecho a la verdad*. Cuando, en la debacle de 1914, prácticamente todos los partidos socialdemócratas europeos sucumbieron al fervor guerrero y votaron a favor de los créditos militares, el total rechazo por parte de Lenin de la «línea patriótica», en su propio aislamiento con respecto al ánimo imperante, supuso el surgimiento singular de la verdad de toda la situación.

---

[19] Véase Peter SINGER, *The Essential Singer: Writings on an Ethical Life*, Nueva York, Ecco Press, 2000.

[20] Citado en Robert PAYNE, *Marx*, Nueva York, Simon and Schuster, 1968, p. 61 [ed. cast.: *Marx*, Barcelona, Bruguera, 1969].

II   El materalismo reconsiderado

La verdad de Lenin es, en el fondo, la del *materialismo* y, en efecto, en el clima actual de oscurantismo *New Age*, puede parecer atractivo reafirmar la lección de *Materialismo y empirocriticismo* de Lenin: en la interpretación hoy en día generalizada de la física cuántica, al igual que en la época de Lenin, la *doxa* es que la propia ciencia acabó superando el materialismo, ya que se supone que la materia «desaparece», se disuelve en las ondas inmateriales de los campos energéticos[21]. También es cierto (tal y como recalcara Lucio Colletti) que la distinción que hacía Lenin entre la idea filosófica y la científica de materia suprime la propia noción de «dialéctica en/de la naturaleza»: la idea filosófica de materia como realidad que existe de manera independiente a la mente excluye cualquier intervención de la filosofía en la ciencia. Sin embargo… el «sin embargo» hace referencia al hecho de que, en *Materialismo y empirocriticismo*, NO HAY LUGAR PARA LA DIALÉCTICA. ¿Cuáles son las tesis fundamentales de Lenin? El rechazo a reducir el saber a un instrumentalismo fenoménico o pragmático (es decir, la afirmación de que, en el conocimiento científico, llegamos a saber cómo existen las cosas de manera independiente a nuestras mentes: la infausta «teoría del reflejo»), unido a la insistencia en la naturaleza precaria de nuestro saber (que siempre es limitado, relativo y «refleja» la realidad exterior sólo en un proceso infinito de aproximación). ¿No suena esto familiar? ¿No es ésta, en la tradición anglosajona de filosofía analítica, la postura fundamental de Karl Popper, el antihegeliano arquetípico? En su breve artículo titulado «Lenin y Popper»[22], Colletti recuerda que, en una carta privada de 1970,

---

[21] Para un intento althusseriano de rescatar este texto de Lenin, véase Dominique LECOURT, *Une crise et ses enjeux*, París, Maspero, 1973.

[22] Publicado por primera vez en 1990 en el semanario italiano *L'Expresso* y más tarde reeditado en Lucio COLLETTI, *Fine della filosofia*, Roma, Ideazione, 1996.

23

publicada por primera vez en *Die Zeit*, Popper de hecho escribió: «El libro de Lenin sobre empirocriticismo es, en mi opinión, realmente excelente». Este núcleo materialista duro de *Empirocriticismo* se mantiene en los *Cuadernos filosóficos* de 1915, pese al redescubrimiento por parte de Lenin de Hegel. ¿Por qué? En sus *Cuadernos*, Lenin lucha con el mismo problema que Adorno en su «dialéctica negativa»: cómo combinar el legado de Hegel de crítica de toda inmediatez, de la mediación subjetiva de toda objetividad dada, con ese mínimo del materialismo que Adorno denomina la «primacía de lo objetivo»; éste es el motivo por el que Lenin todavía se aferra a la «teoría del reflejo», de acuerdo con la cual el pensamiento humano refleja la realidad objetiva:

> Aquí tenemos *en realidad*, objetivamente, *tres* miembros: 1) la naturaleza, 2) la cognición humana = el *cerebro* humano (como producto más elevado de esta misma naturaleza) y 3) la forma de reflejo de la naturaleza en la cognición humana, y esta forma consta precisamente de conceptos, leyes, categorías, etc. El hombre no puede comprender = pensar = reflejar la naturaleza *como conjunto*, en su integridad, en su «totalidad inmediata», sólo puede ir acercándose *eternamente* a ella, creando abstracciones, conceptos, leyes, un cuadro científico del mundo, etcétera[23].

Sin embargo, tanto Adorno como Lenin toman aquí el camino equivocado: la vía para afirmar el materialismo no pasa por aferrarse a un mínimo de realidad objetiva EXTERIOR a la mediación subjetiva del pensamiento, sino por insistir en la absoluta INHERENCIA del obstáculo exterior, que impide que el pensamiento llegue a una plena identidad consigo mismo. En el momento en que cedemos en este punto y externalizamos el obstáculo, nos retrotraemos a la seudoproblemática del pensamiento que se acerca asintóticamente a una «realidad objetiva» siempre esquiva y que nunca consigue aferrarla en su infinita complejidad. El problema con la «teoría del reflejo» de Lenin reside en su idealismo implícito: su propia insistencia compulsiva en la existencia independiente de la realidad material fuera de la conciencia debe interpretarse como un desplazamiento sintomático, dirigido a ocultar el hecho esencial de que la *propia conciencia* se postula de manera implícita como EXTERIOR a la realidad que «refleja». La propia metáfora del infinito acercamiento a cómo son realmente las cosas, a la verdad objetiva, delata este idealismo: lo que esta metáfora deja fuera de consideración es el hecho de que la parcialidad (distorsión) del «reflejo subjetivo» se produce precisamente porque el sujeto está INCLUIDO en el proceso que refleja. Únicamente una conciencia que observara el universo desde fuera vería el conjunto de la realidad «tal y como realmente es», es decir, un conocimiento «neutro» y totalmente adecuado de la realidad impli-

---

[23] Véase Vladimir Ilitch Lenin, *Collected Works*, cit., vol. 38, p. 179. Debo esta comparación a Eustache Kouvelakis, París.

caría nuestra ex-sistencia, un *status* externo por nuestra parte con respecto a ella, de la misma manera que un espejo puede reflejar a la perfección un objeto sólo si éste es externo a él (lo mismo se puede decir de la teoría de la cognición de Lenin, que la concibe» de la realidad objetiva)[24]. La cuestión no es que haya una realidad independiente ahí fuera, exterior a uno mismo; la cuestión es que UNO MISMO está «ahí fuera», forma parte de esa realidad[25]. La cuestión no es, pues, si hay una realidad exterior e independiente de la conciencia, sino si la propia conciencia es exterior e independiente de la realidad: de modo que, en lugar de la idea (implícitamente idealista) que tenía Lenin de una realidad objetiva que estaba «ahí fuera», separada de la conciencia por capas de ilusiones y distorsiones y que sólo cabía abordar cognitivamente a través de un acercamiento infinito, habría que afirmar que el conocimiento «objetivo» de la realidad es imposible precisamente porque nosotros (conciencia) formamos siempre-ya parte de ella, estamos inmersos en ella: lo que nos separa del conocimiento objetivo de la realidad es nuestra propia inclusión ontológica en la realidad.

Esto no supone en absoluto que rastrear la diferencia entre idealismo y materialismo no sea hoy en día más crucial que nunca; únicamente, habría que procurar proce-

---

[24] En un pasaje de sus *Cuadernos filosóficos*, Lenin llega al límite de esta percepción, al observar que la propia «abstracción» del pensamiento, el hecho de que no consiga aferrar de manera inmediata el objeto en su infinita complejidad, su distancia con respecto al objeto, su forma de separarse de él, nos ACERCA a lo que el objeto es en realidad: la propia reducción «parcial» del objeto a alguna de sus propiedades abstractas en el concepto, esta «limitación» aparente de nuestro conocimiento (que sostiene el sueño de un conocimiento intuitivo total), ES la esencia misma del conocimiento: «El pensamiento, al avanzar de lo concreto a lo abstracto –siempre que sea *correcto* (NB) (y Kant, al igual que todos los filósofos, habla de pensamiento correcto)–, no se aparta *de* la verdad, sino que se acerca a ella. La abstracción de la *materia*, de una *ley* de la naturaleza, la abstracción del *valor*, etc., en suma, *todas* las abstracciones científicas (correctas, serias, no absurdas), reflejan la naturaleza de manera más profunda, verdadera y *completa*. De la percepción viva al pensamiento abstracto, *y de éste a la práctica*: éste es el camino dialéctico de la cognición de la *verdad*, de la cognición de la realidad objetiva» (*ibid.*, p. 168). Lenin llega al límite y a continuación retrocede, para retomar la idea evolutiva predominante de la aproximación infinita a la realidad.

[25] Por expresarlo en términos crudos y directos: es evidente que «Lenin no entendió realmente a Marx». Como poco, la complejidad hegeliana de la «crítica de la economía política» de Marx le venía grande; sin embargo, la paradoja estriba en que sólo en la medida en que Lenin no «entendió a Marx», fue capaz de organizar la Revolución de Octubre, la primera revolución propiamente marxista. Esto significa que la escisión debe de haber estado ya funcionando en el propio Marx: si determinada ignorancia de la teoría de Marx constituía una condición positiva a la hora de llevar a cabo una revolución marxista, entonces la propia teoría revolucionaria de Marx, por más que se percibiera a sí misma como momento teórico de una praxis revolucionaria global, tenía que acarrear un desajuste con respecto a la práctica revolucionaria, es decir, tenía que percibir erróneamente las condiciones de la intervención revolucionaria.

der de manera verdaderamente leninista, localizando –a través del «análisis concreto de las circunstancias concretas»– por DÓNDE pasa esta línea de separación. Una línea que atraviesa incluso el campo de la religión, en el que el punto singular de surgimiento del materialismo está marcado por las palabras de Cristo en la cruz: «Padre, ¿por qué me has abandonado?» –en este momento de abandono total, el sujeto experimenta y asume por completo la *inexistencia del gran Otro*–. En términos más generales, la línea de división se encuentra entre la tradición «idealista» socrático-gnóstica, que afirma que la verdad está en nuestro interior y que no tiene más que ser (re)descubierta a través de un viaje interior y la idea «materialista» judeocristiana de que la verdad sólo puede aparecer a partir de un encuentro traumático EXTERIOR que hace pedazos el equilibrio del sujeto. La «verdad» exige un esfuerzo en el que nosotros tenemos que luchar contra nuestra tendencia «espontánea». O, por expresar el mismo razonamiento de otra manera, la postura materialista correcta (que extrae de las antinomias de Kant la consecuencia ontológica hegeliana radical) es que *no hay Universo como Totalidad*: como Totalidad, el universo (el mundo) es Nada, todo lo que hay está DENTRO de esta Nada:

> El universo no surgió de la nada: el universo surgió dentro de la nada. Todo es nada, visto desde dentro. *El mundo exterior es realmente nada visto desde dentro.* Estamos dentro de la nada. / Visto desde fuera, no hay nada, cero. Visto desde dentro, está todo lo que conocemos. El universo entero[26].

La línea que separa el materialismo del idealismo es muy delicada en este caso. Por un lado, existe la tentación de interpretar esto bajo una modalidad subjetivista (el universo de «ahí fuera» aparece sólo gracias a que la Mente lo percibe); por otro lado, se puede llegar a la conclusión radical INVERSA de que la conciencia está plenamente INCLUIDA en los objetos observados. En este punto, volvemos a toparnos con la limitación de la «teoría del reflejo» de Lenin: sólo una conciencia que observe el universo desde el exterior vería el conjunto de la realidad tal y como realmente es. La propia idea del «universo entero» presupone, por consiguiente, la posición de un observador exterior, que es imposible ocupar. Por expresarlo en palabras de Gilles Deleuze, esto supone un perspectivismo *absoluto*: la perspectiva parcial distorsionadora está inscrita en la propia existencia material de las cosas. Esto es lo que significa la frase «no hay ningún mundo»: no hay ninguna «realidad objetiva verdadera», puesto que la realidad como tal surge de una perspectiva distorsionada, de una alteración del equilibrio del Vacío-Nada primordial. Aquí reside la homología entre Hegel y el pensamiento budista de Nagarjuna: Nagarjuna también afirma que la idea de Vacío como realidad final no afirma la

---

[26] Tor NORRETRANDERS, *The User Illusion*, Harmondsworth, Penguin Books, 1999, p. 353.

negación total de los seres, sino sólo el hecho de que toda entidad positiva es absolutamente relacional, que surge en el vacío de los otros ausentes que la condicionan; llegamos al vacío si intentamos pensar el mundo como Totalidad. Podemos expresar lo mismo desde el punto de vista de la epocalidad heideggeriana: el «perspectivismo absoluto» supone que nuestro «mundo» siempre se nos revela dentro de un horizonte finito que se erige contra el trasfondo de autoocultación impenetrable del Ser. Toda revelación ontológica, por definición, es parcial, está distorsionada, constituye una *errance* [«errancia»] del Ser, y esta limitación es su condición positiva de posibilidad.

Si hay alguna lección fundamental que compartan Hegel y Lacan, es el exacto contrario de la idea común de acuerdo con la cual habría que descartar las apariencias no esenciales e ir a lo esencial: las apariencias importan, las apariencias son esenciales. No podemos limitarnos a oponer cómo es la cosa «en sí misma» y el aspecto que tiene desde nuestra perspectiva parcial y restringida: esta apariencia tiene más peso que la cosa en sí misma, porque indica el modo en el que la cosa en cuestión está inscrita en la red de relaciones que establece con otros. En el marxismo, «el fetichismo de las mercancías» proporciona las coordenadas del modo en el que las mercancías se presentan ante los sujetos *y esta apariencia determina su* status *social objetivo*; en el psicoanálisis, la «fantasía» proporciona el marco dentro del cual los objetos se presentan al sujeto deseante y *este marco compone las coordenadas de lo que el sujeto experimenta como «realidad»*.

En la relación propiamente hegeliana entre la Finitud y la Infinitud, no habría que empezar por la Finitud y proceder a continuación a preguntarse cómo pasar a la Infinitud. En el momento en que hacemos esto, en el momento en que empezamos con (y admitimos así) la Finitud, estamos perdiendo ya la posibilidad de comprender la verdadera Infinitud, que no es algo más allá de la Finitud, sino NADA MÁS QUE la falta-de-ser de la propia Finitud, su autoanulación negativa. En este punto es donde también Alain Badiou se equivoca: cuando insiste en la rigurosa frontera entre lo Político y lo Social (el dominio del Estado, de la historia), concede demasiado: concretamente, que la SOCIEDAD EXISTE. Contra esta concesión, habría que respaldar la tesis, articulada por Laclau y Mouffe[27], de que «la sociedad no existe», de que la sociedad no es un campo positivo, en la medida en que el desajuste de lo Político está inscrito en sus mismos fundamentos (el nombre de Marx para lo político que atraviesa todo el cuerpo social es «lucha de clases»). Badiou concede demasiado cuando acepta que hay un orden del Ser y, a continuación, pasa a establecer las condiciones de posibilidad de un Acontecimiento. Del mismo modo que la sociedad no existe, habría que formular la tesis materialista elemental de que «el mundo no existe» (o, en palabras de Badiou, que no hay

---

[27] Ernesto LACLAU y Chantal MOUFFE, *Hegemony and Socialist Strategy*, Londres, Verso, 1985 [ed. cast.: *Hegemonía y estrategia socialista: hacia una radicalización de la democracia*, Madrid, Siglo XXI, 1987].

orden del Ser)[28]. Y lo mismo vale para la relación entre Necesidad y Libertad: no habría que afirmar primero la red causal de la necesidad y, a continuación, preguntar cómo es posible una ruptura de la misma, cómo puede surgir la libertad. En este punto, se puede situar también, claramente, la ambigüedad de Kant, su oscilación entre el materialismo y el idealismo, no en el sentido habitual (la constitución transcendental constituye un subjetivismo idealista, las cosas-en-sí-mismas son una reminiscencia de materialismo), sino bajo la forma de una oscilación entre la afirmación, PURAMENTE INMANENTE, de la inexistencia del Mundo como Totalidad y la idea de OTRO dominio noumenal de la libertad DETRÁS de los fenómenos.

Desde Aristóteles y Aquino, el idealismo afirma la existencia de los objetos ónticos dentro del mundo y, a continuación, postula a Dios como su Límite/Excepción exterior, que garantiza su consistencia ontológica. Por consiguiente, la fórmula del materialismo no consiste en negar el Más Allá, en afirmar que sólo existe el mundo de objetos «reales», finitos y efectivos, sino en afirmar que este mismo objeto «real» no tiene una consistencia ontológica plena, que, desde Fuera, imaginado como una Totalidad, no es nada. De nuevo, la fórmula del verdadero ateísmo no es «Dios no existe», sino «el mundo no existe». La existencia del mundo implica la excepción que le dio origen, es decir, Dios. Aquí, habría que insistir en la tajante definición hegeliana de la existencia como apariencia de una Esencia oculta: que el Mundo no existe significa que no hay ningún Fundamento-Esencia oculto que aparezca en/a través de él. (Del mismo modo, para Freud, en su *Moisés y el monoteísmo*, la verdadera fórmula del anti-antisemitismo es: «EL judío [Moisés] no existe…».) Bajo esta luz, el Lenin de *Materialismo y empirocriticismo*, con su insistencia en la existencia de objetos fuera de la Conciencia, es secretamente IDEALISTA: este mundo constituido por completo sólo puede aparecer a través de una Conciencia inmaterial que es su Excepción.

¿Qué ocurriría, sin embargo, si conectásemos la idea de verdad como algo que surge de un encuentro exterior con la (mal) afamada idea leninista, presentada en *¿Qué*

---

[28] La idea de Badiou de la subjetivación como compromiso de parte de la Verdad, como fidelidad al Acontecimiento de la Verdad, está claramente en deuda con el compromiso existencial kierkegaardiano «vivido como algo que se apodera de todo nuestro ser. Los movimientos políticos y religiosos pueden apoderarse de nosotros de este modo, como pueden hacerlo las relaciones amorosas y, para determinadas personas, "vocaciones" tales como la ciencia y el arte. Cuando reaccionamos ante emplazamientos como éstos con lo que Kierkegaard llama pasión infinita –es decir, cuando reaccionamos aceptando un *compromiso incondicional*–, este compromiso determina lo que será el asunto importante para nosotros durante el resto de nuestra vida» (Hubert DREYFUS, *On the Internet*, Londres, Routledge, 2001, p. 86 [ed. cast.: *Acerca de internet*, Barcelona, UOC, 2003]). Lo que Dreyfus enumera en este resumen de la postura de Kierkegaard son precisamente los cuatro dominios de la Verdad de Badiou (la política, el amor, el arte y la ciencia) MÁS la religión, que Badiou entiende como el modelo «reprimido» de los campos anteriores.

hacer?, de cómo la clase obrera no puede alcanzar una conciencia de clase adecuada de manera «espontánea», a través de su propio desarrollo «orgánico», es decir, de cómo esta verdad tiene que ser introducida en su seno desde fuera (de la mano de los intelectuales de partido)? Al citar a Kautsky en este punto, Lenin hace un cambio significativo en su paráfrasis: mientras que Kautsky habla de cómo los intelectuales que no pertenecen a la clase obrera y que están FUERA DE LA LUCHA DE CLASES deberían introducir la CIENCIA en la clase obrera (proporcionando a la misma un conocimiento objetivo de la historia), Lenin habla de una CONCIENCIA que debería ser introducida desde fuera por intelectuales que están fuera de la lucha ECONÓMICA, ¡pero NO fuera de la lucha de clases! Éste es el pasaje de Kautsky que Lenin cita con aprobación:

> el socialismo y la lucha de clases surgen a la par y no uno a partir del otro; cada uno surge bajo condiciones distintas […]. El vehículo de la ciencia no es el proletariado, sino la *intelectualidad burguesa* […]. Por consiguiente, la conciencia socialista es algo que se introduce en la lucha de clases proletaria desde fuera y no algo que surge en su seno de forma espontánea[29].

Y ésta es la paráfrasis que hace Lenin de él:

> *todo* culto a la espontaneidad del movimiento obrero, toda minimización del papel del «elemento consciente», del papel de la socialdemocracia, *implica, lo desee o no quien minimiza este papel, un fortalecimiento de la influencia de la ideología burguesa sobre los obreros.* […] la *única* opción es o ideología burguesa o ideología socialista. No hay camino intermedio. […] el desarrollo *espontáneo* del movimiento obrero lleva a su subordinación a la ideología burguesa […] porque el movimiento obrero espontáneo es el sindicalismo[30].

Puede que SUENE igual, pero NO es igual: en Kautsky, no hay espacio para la política en sentido estricto, sino sólo para la combinación entre lo social (la clase obrera y su lucha, de la que los intelectuales están implícitamente EXCLUIDOS) y el saber neutro, puro, sin clase y asubjetivo de estos intelectuales. En Lenin, por el contrario, los propios «intelectuales» se ven atrapados en un conflicto de IDEOLOGÍAS (es decir, la lucha de clases ideológica) que es insuperable. De modo que cuando Lenin menciona el saber que los intelectuales deberían transferir desde fuera a los proletarios, *todo depende del status exacto de esta externalidad*: ¿se trata simplemente de la externalidad de un científico «objetivo» imparcial que, después de haber estudiado la historia y de haber determinado que, a largo plazo, la clase obrera tiene un gran futuro por delante, decide unir-

---

[29] Citado en Vladimir Ilitch LENIN, *What is to be done?*, Nueva York, International Publishers, 1999, p. 40.

[30] Vladimir Ilitch Lenin, *What is to be done?*, cit., pp. 40-41.

se al lado vencedor? Cuando Lenin dice «la teoría marxiana es omnipotente porque es verdad»[31], todo depende de cómo entendamos la palabra «verdad» en este contexto: ¿se trata de un «saber objetivo» neutral o es la verdad de un sujeto implicado?

Es Brecht quien nos proporciona una pista en este sentido. En lo que para algunos es la canción más problemática de La medida, la celebración del Partido, Brecht propone algo mucho más excepcional y concreto de lo que pueda parecer. Es decir, lo que parece es que Brecht simplemente está elevando el Partido a encarnación del Saber Absoluto, a agente histórico que tiene una comprensión completa y perfecta de la situación histórica, a sujeto del supuesto saber donde los haya: «Tú tienes dos ojos, ¡pero el partido tiene cientos de ojos!». Sin embargo, una lectura atenta de este poema deja claro que la cosa es diferente: en su reprimenda del joven comunista, el coro dice que el Partido NO sabe todo, que el joven comunista puede TENER RAZÓN a la hora de disentir de la línea de Partido predominante: «Muéstranos el camino que deberíamos seguir, y nosotros / lo seguiremos como tú, pero / no tomes el buen camino sin nosotros. / Sin nosotros, ese camino es / el más equivocado. / No te separes de nosotros». Lo que esto significa es que la autoridad del Partido NO reside en un saber positivo definitivo, sino en una FORMA de saber, en un nuevo tipo de saber ligado a un sujeto político colectivo. El punto crucial en el que insiste el Coro es sólo ése: si el joven camarada piensa que tiene razón, debería luchar por su postura DENTRO de la forma colectiva del Partido, no fuera: por expresarlo de manera algo sentimental, si el joven camarada tiene razón, entonces el Partido lo necesita más aún que a sus demás miembros. Lo que el Partido reclama es que uno acepte basar el propio «yo» en el «NOSOTROS» de la identidad colectiva del partido: lucha con nosotros, lucha por nosotros, lucha por tu verdad contra la línea de Partido, PERO NO LO HAGAS SOLO, fuera del Partido. Exactamente al igual que sucede en la fórmula de Lacan con respecto al discurso del psicoanalista, lo que importa con el saber del partido no es su contenido, sino el hecho de que ocupe el lugar de la Verdad.

Esta mención de Lacan no es en absoluto superflua, puesto que el *status* del saber en el psicoanálisis implica la misma externalidad estructural. Lacan hizo notar el *status* paradójico del *saber sobre el saber del Otro*. Recuerden el giro final de *La edad de la inocencia*, de Edith Wharton, en la que el marido, que durante muchos años había escondido su amor apasionado e ilícito por la condesa Olenska, descubre que su joven esposa había *sabido* de su pasión secreta desde el principio. Quizás esto hubiera proporcionado también una vía de redención para la desafortunada *Los puentes de Madison* si, al final de la película, la moribunda Francesca hubiera descubierto que su marido, supuestamente ingenuo y llano, había sabido desde el principio de su breve y apasionada aventura con el fotógrafo de la *National Geographic* y cuánto había significado para ella, pero había guardado silencio para no herirla. Aquí reside el enigma del saber: ¿cómo es posible que

---

[31] Vladimir Ilitch Lenin, *Collected Works*, cit., vol. 19, p. 23.

toda la economía psíquica de una situación cambie de modo radical, no cuando el protagonista descubre de manera directa algo (algún secreto reprimido durante mucho tiempo), sino cuando *se entera de que el otro* (a quien tomó equivocadamente por ignorante) *también lo había sabido todo ese tiempo* y sólo fingía no saberlo para guardar las apariencias: hay algo más humillante que la situación de un marido que, después de una larga aventura amorosa secreta, de repente descubre que su mujer sabía la historia desde el principio, pero había guardado silencio por cortesía o, peor aún, por amor hacia él? A propósito de *Hamlet*, Lacan afirma que la presuposición de que el Otro no sabe mantiene la barrera que separa el Inconsciente de la Conciencia[32]. ¿Cómo? En *La edad de la inocencia*, el protagonista vive bajo la ilusión de que su gran deseo es vivir con el objeto de su pasión: lo que no sabe (lo que reprime en el inconsciente) y se ve obligado a aceptar cuando descubre que el Otro (su mujer) también sabe es el hecho de que él, en realidad, NO quiere abandonar a su familia y vivir con su amada: el verdadero objeto de su deseo era el conjunto de una situación en la que no podía gozar de su pasión más que en secreto. El inconsciente no es el objeto de la pasión; el inconsciente es la manera en la que me relaciono efectivamente con él, las condiciones bajo las que estoy unido a ese objeto. Por consiguiente, es precisamente cuando creo que, en lo más hondo de mí, sé (de mi pasión, de la cual el Otro no sabe), cuando estoy engañado con respecto al dispositivo de la pasión que experimento. En los casos en los que un hombre casado tiene una aventura secreta y está convencido de que ya no ama a su esposa, cuántas veces sucede que, en el momento en que, por algún motivo (divorcio, muerte de la esposa), se ve por fin en condiciones de realizar su deseo, se derrumba. O, incluso, de manera más simple, que, en el momento en que descubre que su esposa sabía de la aventura y ésta le ofrece dejarle marchar, es incapaz de hacerlo...

¿Y por qué no ligar estas dos externalidades (la del Partido con respecto a la clase obrera, la del analista en el tratamiento psicoanalítico) a la tercera, la de la experiencia de lo Real divino? En los tres casos, nos estamos viendo ante una misma imposibilidad, que da fe de un obstáculo materialista: no es posible que el creyente «descubra a Dios en sí mismo», a través de una introspección, de una comprensión espontánea de su propio Yo: Dios debe intervenir desde el exterior, perturbando nuestro equilibrio; no es posible que la clase obrera cumpla de manera espontánea su misión histórica: el Partido debe intervenir desde el exterior, sacudiéndola para sacarla de su espontaneidad autocomplaciente; no es posible que el paciente/psicoanalista se analice a sí mismo: a diferencia de lo que sucede en la introspección gnóstica, en el psicoanálisis, no hay autoanálisis en sentido estricto, el análisis sólo es posible si hay un núcleo exterior que encarna el objeto-causa del deseo del sujeto. ¿Por qué, entonces, esta imposibilidad? Precisamente porque ninguno de estos tres sujetos (creyente, proletario, paciente) es

---

[32] Véase Jacques LACAN, *Le desir et son interpretation* (seminario inédito, 1958-1959).

un agente autocentrado de automediación, sino un agente descentrado que lucha contra un núcleo exterior.

Dios, Psicoanalista, Partido son las tres formas del «sujeto del supuesto saber», del objeto transferencial, lo cual explica que, en los tres casos, se escuche la afirmación «Dios/el Psicoanalista/el Partido siempre tiene razón»; y, tal y como vio ya con claridad Kierkegaard, la verdad de esta proclama es siempre su negativo: el HOMBRE siempre se equivoca. Este elemento externo no representa el saber objetivo, es decir, su externalidad es estrictamente INTERNA: la necesidad del partido surge del hecho de que la clase obrera nunca es «plenamente sí misma». El significado fundamental de la insistencia de Lenin en esta externalidad es, por lo tanto, que la conciencia de clase «adecuada» no nace de manera «espontánea», que no se corresponde con una «tendencia espontánea» de la clase obrera; por el contrario, lo que es espontáneo es la *percepción errónea* de la propia posición social, de modo que la conciencia de clase «adecuada» debe ser CON-QUISTADA a través de un duro trabajo. Aquí, de nuevo, la situación es equivalente a la que se da en el psicoanálisis: tal y como recalca Lacan una y otra vez, no existe ningún *Wissenstrieb* («instinto de saber») primordial: la actitud humana espontánea es la de *je n'en veux rien savoir* [«no quiero saber nada de ello»] y, lejos de realizar nuestra tendencia más íntima, el tratamiento psicanalítico tiene que avanzar «a contrapelo»[33].

También se puede hacer ver esta misma idea desde el punto de vista de la oposición entre *interpretación* y *formalización*[34]: el agente exterior (el Partido, Dios, el Psicoanalista) NO es alguien que «nos entiende mejor que nosotros mismos», que nos puede proporcionar la verdadera interpretación de lo que nuestros actos y declaraciones significan; es, por el contrario, quien da cuenta de la FORMA de nuestra actividad. ¿Qué es, entonces, esta Forma? Tomemos el razonamiento «revisionista» de Ernst Nolte respecto a la relación entre el nazismo y el comunismo (soviético): por más censurable que fuera, el nazismo no sólo apareció después que el comunismo; constituía, además, en lo que se refiere a su contenido, una *reacción* excesiva a la amenaza comunista. Es más, todos los horrores perpetrados por el nazismo no hacen sino imitar los horrores ya perpetrados por el comunismo soviético: el imperio de los servicios secretos, los campos de concentración, el terror genocida... ¿Es ésta la Forma de la que estamos hablando?

---

[33] Quizá la mejor ilustración de esta actitud de *je n'en veux rien savoir* [«no quiero saber nada de ello»] la tengamos en una de las escenas habituales de las películas policiacas o de espionaje: un criminal o espía moribundo proporciona a un hombre corriente que está accidentalmente por ahí, en el momento equivocado y en el lugar equivocado, una información prohibida (algo que le cuenta, una cinta, una foto...). El testigo inocente es plenamente consciente de que ese conocimiento es peligroso, contagioso y potencialmente letal, así que está aterrado ante la perspectiva de poseerlo. Hay situaciones en las que lo más terrible que nos puede hacer un enemigo es transferirnos parte de un conocimiento prohibido como éste.

[34] Debo esta distinción a Alain Badiou (conversación privada).

¿Creemos que el comunismo y el nazismo comparten la misma Forma totalitaria y que la diferencia sólo se refiere a los agentes empíricos que ocupan los mismos lugares estructurales («judíos» en lugar de «enemigo de clase», etc.)? La habitual reacción liberal ante Nolte consiste en una protesta moralista: Nolte relativiza el nazismo, reduciéndolo a un eco secundario del Mal comunista, pero ¿cómo se puede llegar a comparar el comunismo, esa tentativa frustrada de liberación, con el Mal radical del nazismo? En lugar de este rechazo, habría que admitir plenamente el punto central de Nolte: sí, el nazismo fue en efecto una reacción a la amenaza comunista; en efecto, lo único que hizo fue sustituir la lucha de clases por la lucha entre arios y judíos. El problema, sin embargo, reside en este «lo único», que no es en absoluto tan inocente como parece. Nos las vemos aquí con un desplazamiento [*Verschiebung*] en el sentido freudiano del término: el nazismo desplaza la lucha de clases para convertirla en una lucha racial y, de este modo, enturbia su verdadero escenario. Lo que cambia en el tránsito del comunismo al nazismo es la Forma y la mistificación ideológica nazi reside precisamente en este cambio de Forma: la lucha política queda naturalizada en el conflicto racial, el antagonismo (de clase) inherente al edificio social queda reducido a la invasión por parte de un cuerpo extraño (judío) que perturba la armonía de la comunidad aria. De modo que, aunque habría que admitir plenamente que el nazismo sólo se puede entender como una reacción a la amenaza del comunismo (soviético), como una repetición desplazada del universo ideológico comunista, habría que situar la Forma que determina el funcionamiento concreto del nazismo no en la noción abstracta de «totalitarismo», que abarca tanto al comunismo como al nazismo como sus dos ejemplos específicos, sino en el propio desplazamiento al que el nazismo somete las coordenadas comunistas. Esta noción de Forma es la propiamente dialéctica: la Forma no es el marco neutral de contenidos específicos, sino el principio mismo de concreción, es decir, el «atractor extraño» que distorsiona, sesga y tiñe de un color específico cada elemento de la totalidad.

En otras palabras, la formalización es estrictamente correlativa a centrarse en lo Real de un antagonismo. En la perspectiva marxista, la «lucha de clases» no constituye el horizonte último de sentido, el significado último de todos los fenómenos sociales, sino la matriz generativa formal de los distintos horizontes ideológicos de interpretación. Es decir, no habría que confundir esta noción propiamente dialéctica de Forma con la noción liberal-multiculturalista de Forma como marco neutral de la multitud de «narrativas». No sólo la literatura, sino también la política, la religión, la ciencia, etc., son todas narrativas diferentes, historias que nos contamos sobre nosotros mismos, y el objetivo final de la ética es garantizar un espacio neutral en el que esta multitud de narrativas pueda coexistir pacíficamente, en el que cada cual, desde las minorías étnicas a las sexuales, tenga el derecho y la posibilidad de contar su historia. La noción propiamente dialéctica de Forma indica de modo específico la IMPOSIBILIDAD de esta noción liberal de Forma: la Forma no tiene nada que ver con el «formalismo», con la idea de una Forma neutral, independiente de su contenido particular contingente; más bien, representa el núcleo traumático de lo Real, el antagonismo que «tiñe» todo el campo en cuestión. En este preciso sentido, la lucha de clases es la Forma de lo Social: cada fenómeno social está sobredeterminado por ella, lo cual significa que es imposible permanecer neutral ante ella.

Habría que introducir también aquí la distinción dialéctica clave entre la figura FUN-DADORA de un movimiento y la figura posterior que FORMALIZA este movimiento: Lenin no se limitó a «traducir adecuadamente la teoría marxista en práctica política»: por el contrario, «formalizó» a Marx, definiendo el Partido como forma política de su intervención histórica, del mismo modo que san Pablo «formalizó» a Cristo y Lacan «formalizó» a Freud[35].

[35] Esta diferencia entre interpretación y formalización es también crucial para introducir cierto orden (teórico) en los últimos debates sobre el holocausto: aunque es cierto que el holocausto no se puede interpretar o narrar adecuadamente, en suma, no se puede dotar de sentido y todos los intentos de hacerlo fracasan y tienen que acabar en el silencio, *se puede y se debe «formalizar»*, situar en lo que fueron sus condiciones estructurales de posibilidad.

III La grandeza interna del estalinismo

Cuando, después de la muerte de Lenin, el marxismo se escindió entre el marxismo soviético oficial y el llamado marxismo occidental, ambos malinterpretaron esta externalidad del partido, creyendo que designaba la posición del saber objetivo neutral –siguiendo los pasos de Kautsky, el marxismo soviético simplemente adoptó esta posición, mientras que los marxistas occidentales la rechazaron como legitimación teórica del dominio «totalitario» del partido–. Aquellos pocos marxistas libertarios que querían redimir –en parte, por lo menos– a Lenin, tendieron a contraponer el Lenin «malo», jacobino-elitista, de *¿Qué hacer?*, que contaba con el partido como elite intelectual profesional que iluminara a la clase obrera desde FUERA, al Lenin «bueno» de *El Estado y la revolución*, que imaginaba la perspectiva de abolir el Estado, la posibilidad de que las grandes masas tomaran la administración de los asuntos públicos directamente en sus manos. Sin embargo, esta contraposición tiene sus límites: la premisa clave de *El Estado y la revolución* es que no se puede «democratizar» por completo el Estado, que el Estado «como tal», en su propia concepción, es una dictadura de una clase sobre otra; la conclusión lógica de esta premisa es que, *en la medida en que todavía vivamos dentro del ámbito del Estado*, estamos legitimados para ejercer un terror máximo y violento, puesto que, dentro de este terreno, toda democracia es una falacia. Así pues, dado que el Estado es un instrumento de opresión, no merece la pena intentar mejorar sus aparatos, la protección del orden legal, las elecciones, las leyes que garantizan las libertades personales..., todo esto se torna irrelevante[36].

---

[36] Una de las estrategias desesperadas para redimir el potencial utópico del siglo XX consiste en afirmar que, si el siglo XX pudo generar Males inauditos (el holocausto y el gulag), proporcionó así una prueba negativa de que el mismo exceso sería posible también en sentido contrario, es decir, que

El momento de verdad de esta condena estriba en el hecho de que no se puede separar la excepcional constelación que permitió la toma revolucionaria del poder en octubre de 1917 de su postrimero giro «estalinista»: la misma constelación que hizo posible la revolución (insatisfacción por parte de los campesinos, una elite revolucionaria bien organizada, etc.) condujo posteriormente al giro «estalinista»: aquí reside la verdadera *tragedia* leninista. La famosa disyuntiva de Rosa Luxemburg entre «socialismo o barbarie» acabó, como juicio supremo final, afirmando la identidad especulativa de los dos elementos contrapuestos: el socialismo «realmente existente» ERA la barbarie.

En los diarios de Georgi Dimitroff, recientemente publicados en alemán[37], llegamos a vislumbrar de forma excepcional cómo Stalin era por completo consciente de lo que le había llevado al poder, dando un giro inesperado a su famoso lema «la gente (los cuadros) son nuestra mayor riqueza». Cuando, en una cena en noviembre de 1937, Dimitroff elogia la «buena suerte» de los obreros internacionales, que tenían tanto genio como su líder, Stalin, Stalin contesta: «No *estoy de acuerdo con él.* Hasta se expresó de un modo no marxista [...]. *Decisivos* son los cuadros medios» (7 de noviembre de 1937). Lo plantea con mayor claridad aún un párrafo anterior: «¿Por qué ganamos frente a Trotsky y otros? Es bien sabido que, después de Lenin, Trotsky era la figura más popular en nuestro país [...]. Pero nosotros contábamos con el apoyo de los cuadros medios y ellos explicaron nuestra percepción de la situación de las masas [...]. Trotsky no prestaba ninguna atención a estos cuadros». En estas líneas, Stalin revela el secreto de su ascenso al poder: como secretario general asaz anónimo, era el responsable del nombramiento de decenas de miles de cuadros, que le debían su ascenso... Éste es el motivo por el que Stalin no deseaba todavía la muerte de Lenin a principios de 1922, cuando rechazó su petición de que se le suministrara veneno para acabar con su vida después del ataque debilitante que sufrió: si Lenin hubiese muerto a principios de 1922, la cuestión de la sucesión no se habría resuelto todavía a favor de Stalin, puesto que Stalin, en su calidad de secretario general, no había penetrado aún lo suficiente el aparato del Partido con sus nombramientos; necesitaba uno o dos años para poder contar, cuando Lenin en efecto muriese, con el apoyo de miles de cuadros de nivel medio nombrados por él mismo para ganar frente a los grandes viejos nombres de la «aristocracia» bolchevique.

Por consiguiente, habría que detener el ridículo juego de contraponer el terror estalinista al «auténtico» legado leninista traicionado por el estalinismo: el «leninismo» es una noción profundamente *estalinista*. El gesto de proyección del potencial emancipa-

---

el Bien radical también era factible... Sin embargo, ¿y si esta oposición es falsa? ¿Y si nos las estamos viendo aquí con una identidad más profunda: y si el Mal radical del siglo XX fue justo el resultado de los intentos de realizar directamente el Bien radical?

[37] Georgi DIMITROFF, *Tagebücher 1933-1943*, Berlín, Aufbau Verlag, 2000.

torio-utópico del estalinismo hacia atrás, hacia una época precedente, indica, pues, la incapacidad del pensamiento de soportar la «contradicción absoluta», la tensión insoportable, inherente al propio proyecto estalinista[38]. Resulta crucial, por lo tanto, distinguir el «leninismo» (como auténtico corazón del estalinismo) de la verdadera práctica política y de la verdadera ideología política del periodo de Lenin: la verdadera grandeza de Lenin NO es la del mito (auténtico) estalinista del leninismo. Pero, entonces, ¿qué decir si se aduce el contraargumento obvio de que exactamente el mismo razonamiento puede aplicarse a cualquier ideología, incluido el nazismo, que también muestra, cuando es percibido desde su interior, una «grandeza interna» que sedujo hasta a un filósofo tan extraordinario como Heidegger? La respuesta no debería ser sino un sonoro NO: la cuestión es precisamente que el nazismo NO contiene ninguna auténtica «grandeza interna».

Si queremos contemplar el arte estalinista en su más pura expresión, basta un nombre: Brecht. Badiou tenía razón al afirmar que «Brecht era un estalinista, si entendemos el estalinismo, tal y como deberíamos hacerlo, como la fusión de la política y de la filosofía del materialismo dialéctico bajo la jurisdicción de esta última. O digamos, para ser más precisos, que Brecht practicó un platonismo estalinizado»[39]. Esto es, en última instancia, lo que viene a ser el teatro «no aristotélico» de Brecht: un teatro *platónico* en el que el encanto estético se acepta de manera estrictamente controlada, a fin de transmitir la verdad filosófico-política que es *externa* a él. El extrañamiento brechtiano significa que la «apariencia estética tiene que distanciarse de sí misma, de forma que, en esta separación, se *muestre* la objetividad externa de la Verdad»[40]. Así que, cuando Badiou dice que «el extrañamiento es un protocolo de vigilancia filosófica»[41], habría que conferir sin tapujos a este término toda su connotación característica de la policía secreta. De modo que detengamos los ridículos juegos de contraposición de cierto tipo de Brecht «disidente» con el comunismo estalinista: Brecht es el mayor artista «estalinista» y fue grande no a pesar de su estalinismo sino GRACIAS a él. ¿Realmente nos hacen falta pruebas? Hacia finales de la década de los treinta, Brecht escandalizó a los invitados de una fiesta neoyorquina sosteniendo acerca de los acusados en los procesos político-propagandísticos de Moscú que «cuanto más inocentes son, más se merecen

---

[38] Una de las pocas historiadoras dispuesta a enfrentarse a esta tensión atroz es Sheila Fitzpatrick, que señaló que el año 1928 constituyó un abrumador punto de inflexión, una auténtica segunda revolución, no algún tipo de «Thermidor», sino, más bien, la consiguiente radicalización de la Revolución de Octubre. Véase *Stalinism. New Directions*, editado por Sheila Fitzpatrick, Londres, Routledge, 2001.

[39] Alain BADIOU, *Petit manuel d'inesthetique*, París, Editions du Seuil, 1998, p. 16.

[40] *Ibid.*

[41] *Ibid.*

que los fusilen»[42]. Esta declaración hay que tomársela muy en serio y no sólo como un engreimiento perverso: su premisa subyacente es que, en una lucha histórica concreta, la actitud de «inocencia» («no quiero ensuciarme las manos involucrándome en la lucha, sólo quiero llevar una vida modesta y honrada») encarna la culpa máxima. En nuestro mundo, *el hecho de no hacer nada no está vacío, tiene ya un significado*: significa decir «sí» a las relaciones existentes de dominación. Éste es el motivo por el cual, a propósito de los procesos de Moscú, Brecht —al mismo tiempo que reconocía que los métodos del juicio no eran muy refinados— se hacía la siguiente pregunta: ¿es posible imaginar que un comunista honesto y sincero que albergase dudas acerca de la política de industrialización acelerada de Stalin acabase en efecto buscando la ayuda de los servicios secretos extranjeros y participando en conspiraciones terroristas contra el liderazgo estalinista? Su respuesta era «sí» y proponía una reconstrucción detallada del razonamiento de un comunista así.

No es de extrañar, entonces, que en julio de 1956 Brecht, durante el trayecto que le llevaba desde casa a su teatro, saludara con la mano a la columna de tanques soviéticos que se dirigía a la *Stalinallee* para aplastar la rebelión de los trabajadores, y que ese mismo día escribiera en su diario que, en ese momento, se había sentido tentado por primera vez en su vida (él, que nunca había sido un miembro del partido) a afiliarse al Partido Comunista[43]. ¿No constituye éste un caso ejemplar de lo que Alain Badiou denominó *la passion du reel* [«la pasión de lo real»] que define el siglo XX? No era que Brecht tolerara la crueldad de la lucha en la esperanza de que ésta diera lugar a un futuro próspero: la crudeza de la violencia presente, como tal, era percibida y apoyada como un signo de autenticidad. Para Brecht, la intervención militar soviética contra los trabajadores de Berlín Este no iba dirigida a los trabajadores, sino a los «elementos fascistas organizados» que se aprovechaban de la insatisfacción de los trabajadores; por este motivo, sostuvo que la intervención soviética había impedido eficazmente una nueva guerra mundial[44]. Incluso en el ámbito personal, Brecht «tenía verdadera simpatía a Stalin»[45] y desarrolló una línea de argumentación que justificaba la necesidad revolucionaria de la dictadura de un solo individuo[46]; su reacción ante la «desestalinización» en el XX Congreso del Partido Comunista Soviético en 1956 fue la siguiente: «Sin un conocimiento de la dialéctica, no se pueden entender

---

[42] Citado en Sydney HOOK, *Out of Step*, Nueva York, Dell, 1987, p. 493.

[43] Véase Carola STERN, *Männer lieben anders. Helene Weigel und Bertolt Brecht*, Hamburgo, Rowohlt, Reinbek, 2001, p. 179.

[44] Bertolt BRECHT, *Gesammelte Werke*, vol. 20, Frankfurt am Main, Suhrkamp Verlag, 1967, p. 327.

[45] Peter THOMSON (ed.), *The Cambridge Companion to Brecht*, Cambridge, Cambridge University Press, 1994, p. 162.

[46] Véase Bertolt BRECHT, «Über die Diktaturen eizelner Menschen», *Schriften*, vol. 2, Frankfurt am Main, Suhrkamp Verlag, 1973, pp. 300-301.

pasajes como el que se produce de Stalin como motor [del progreso] a Stalin como freno del mismo»[47]. En suma, en lugar de renunciar a Stalin, Brecht jugó el juego seudodialéctico de «lo que era progresista antes, en las décadas de los treinta y los cuarenta, se ha convertido ahora (en la década de los cincuenta) en un obstáculo»… Uno se siente casi tentado a estimar oportuno el momento de la muerte de Brecht (a finales de 1956, justo después del XX Congreso del Partido Soviético y antes del levantamiento húngaro): la bendición de la muerte le salvó de tener que arrostrar todo el dolor de la «desestalinización».

Si se quiere ver a Brecht en su máximo esplendor, habría que fijarse en la gran *troika* musical estalinista alemana: Brecht (texto), Hanns Eisler (música) y Ernst Busch (interpretación). Si uno necesita convencerse de la auténtica grandeza del proyecto estalinista, basta con escuchar una de las mayores grabaciones del siglo XX, las *Grabaciones históricas* de Hanns Eisler (*Historic Recordings*, Berlin Classics, LC 6203), con (la mayoría del) texto de Brecht y (la mayoría de las) canciones interpretadas por Busch. En lo que cabe sostener que fue su máximo logro, la canción «Cantando en la cárcel» [«Im Gefängnis zu singen»] de *La madre [Die Mutter]*, se alude de manera directa al intervalo entre el derrumbe simbólico del adversario y su verdadera derrota, cuando Pavel, el obrero encarcelado, se dirige a los que detentan el poder:

> Tienen sus códigos y disposiciones
> Tienen presidios, tienen prisiones […]
> Tienen carceleros y tienen jueces
> Que ganan mucho y están dispuestos a todo.
> Bueno, ¿y para qué? […]
> > Antes de que se vayan, y será pronto
> > Se darán cuenta de que todo eso de nada
> > les vale ya.
>
> Tienen periódicos y sus imprentas
> Para combatirnos y hacernos callar […]
> Tienen los curas y profesores
> Que ganan mucho y están dispuestos a todo.
> Bueno, ¿y para qué?
> ¿Por qué tanto miedo a la verdad? […]
>
> Tienen tanques y cañones
> Ametralladoras y granadas […]
> Tienen policías, tienen soldados

---

[47] Bertolt Brecht, *Gesammelte Werke*, cit., vol. 20, p. 326.

Que ganan poco y están dispuestos a todo.
Bueno, ¿y para qué?
        ¿Son sus enemigos poderosos? [...]
        Un día, y será muy pronto,
        Verán que nada de eso les sirve[48].

La verdadera derrota del enemigo viene, pues, precedida por el derrumbe simbólico, por una repentina percepción de que la lucha carece de sentido y todas las armas y herramientas a su disposición *no tienen ninguna utilidad*. Aquí reside el envite final de la lucha democrática: por motivos estructurales *a priori*, y no sólo debido a ciertos errores de cálculo contingentes, el enemigo percibe de manera errónea las coordenadas de la situación global y reúne el tipo equivocado de fuerzas en un lugar equivocado. Dos ejemplos recientes: ¿en qué se quedó el aparato represivo del sah en 1979, cuando tuvo que hacer frente al movimiento popular de Jomeini? Sencillamente, se desplomó. Y ¿de qué le sirvió la pomposa red de agentes e informantes de la Stasi a la *nomenklatura* comunista de Alemania del Este en 1989, cuando tuvo que hacer frente a las crecientes protestas de masas? Los grandes regímenes opresores nunca resultan derrotados en un enfrentamiento frontal: en determinado momento, cuando el «viejo topo» concluye su labor subterránea de desintegración ideológica interna, simplemente se desploman. Aparte de la sublime obra maestra «Elogio del comunismo» («eso tan sencillo y que es tan difícil de hacer»), la tercera canción clave de *La madre* es «La canción del parche y la chaqueta», que empieza con una descripción irónica de las personas humanitarias conscientes de la urgencia de ayudar a los pobres:

Siempre que tenemos la chaqueta rota
Venís corriendo y decís: esto no puede seguir así
¡Hay que remediarlo por todos los medios!
Y corréis llenos de celo a los patrones
Mientras nosotros, helados, esperamos.
Y luego volvéis, triunfantes
Y nos mostráis lo que habéis logrado:
Un pequeño parche.
        Muy bien, ahí está el parche
        ¿Pero dónde se ha quedado
        la chaqueta?[49]

---

[48] Bertolt BRECHT, *Die Mutter*, Frankfurt am Main, Suhrkamp Verlag, 1980, pp. 47-48 [ed. cast.: Bertolt BRECHT, *Teatro Completo 5*, Madrid, Alianza Editorial, 1992, pp. 51-52].

[49] *Ibid.*, pp. 21-22 [pp. 24-25].

Después de que esta cáustica pregunta retórica se repita a propósito del pan («Muy bien, ahí está el pedacito, pero ¿dónde se ha quedado el resto del pan?»)[50], la canción culmina con una explosión arrolladora de exigencias («necesitamos la fábrica, y el carbón y el mineral y el poder del Estado»), momento propiamente revolucionario en el que el *quid pro quo* de intercambios con los que están en el poder se viene abajo y los revolucionarios afirman crudamente que lo quieren TODO, no sólo una parte «justa» de ello… Brecht se sitúa aquí en el extremo opuesto de Geörgy Lukács: precisamente en la medida en que Lukács, el humanista europeo «moderado», desempeñaba el papel de «disidente no declarado» y libraba una «guerra de guerrillas» contra el estalinismo –llegó incluso a incorporarse al gobierno de Imre Nagy en 1956, arriesgando así su propia existencia física–, era *el estalinista extremo*. A diferencia de Lukács, Brecht era insoportable para las altas esferas culturales estalinistas en virtud de su propia «superortodoxia»: no hay lugar para *La medida* en el universo cultural del estalinismo. Si el joven Lukács de *Historia y conciencia de clase* era el filósofo del momento histórico de Lenin, después de la década de los treinta, se convirtió en el filósofo estalinista ideal que, por ese mismo motivo, a diferencia de Brecht, no entendió la verdadera grandeza del estalinismo.

---

[50] Como de costumbre, Brecht se inspiraba aquí en una canción anterior de Busch, la «Balada sobre la caridad», compuesta por Eisler en 1930, con texto de Kurt Tucholsky: el estribillo de la canción es «Gut, das ist der Pfennig, und wo ist die Mark?» [«Muy bien, ahí está el penique, pero ¿dónde se ha quedado el marco?»].

IV Lenin escucha a Schubert

A los críticos anticomunistas que insisten en la continuidad entre Lenin y el estalinismo les gusta hacer hincapié en la presunta falta de sensibilidad de Lenin ante la dimensión humana universal: no sólo percibía todos los acontecimientos sociales a través de las estrechas lentes de la lucha de clases, de «nosotros contra ellos»; además, era, como persona, insensible ante el sufrimiento humano de los individuos concretos. Dentro de esta argumentación, el punto de referencia favorito es la famosa reacción paranoica de Lenin al escuchar la *appasionata* de Beethoven (primero se puso a llorar, para, a continuación, afirmar que un revolucionario no se podía permitir dejarse llevar por tales sentimientos, porque le volvían demasiado débil, haciéndole desear acariciar a los enemigos en lugar de combatirles sin piedad) como prueba de su frío autocontrol y de su crueldad. Sin embargo, incluso en sus propios términos, ¿constituye en efecto este incidente un argumento CONTRA Lenin? ¿No atestigua, por el contrario, una sensibilidad extrema hacia la música que hay que mantener bajo control a fin de continuar la lucha política? ¿Quién, de los cínicos políticos de hoy en día, hace todavía gala tan siquiera del rastro de una sensibilidad así? ¿No se sitúa Lenin en este caso en el extremo opuesto en el que se colocan los nazis de alto rango que, sin ninguna dificultad, combinaban una sensibilidad como ésta con una crueldad extrema a la hora de tomar decisiones políticas (baste recordar a Heydrich, el artífice del holocausto, que, después de un duro día de trabajo, siempre encontraba tiempo para tocar con sus camaradas los cuartetos de cuerda de Beethoven)? ¿No da prueba de la humanidad de Lenin el hecho de que, en contraposición con esta barbarie suma, que reside en la propia unidad no problemática de alta cultura y barbarie política, él se mantenga, sin embargo, extremadamente sensible al *antagonismo* irreductible entre arte y lucha por el poder?

Además, uno se siente tentado a desarrollar una teoría leninista de esta barbarie altamente cultivada. La extraordinaria grabación que Hans Hotter hizo en 1942 del *Winterreise [Viaje de invierno]* de Schubert parece pedir una interpretación intencionadamente anacrónica: resulta fácil imaginar a los oficiales y soldados alemanes escuchando esta grabación en las trincheras de Stalingrado durante el frío invierno de 1942-1943. ¿No evoca el tema de *Winterreise* una consonancia única con ese momento histórico? ¿No era toda la campaña hacia Stalingrado un *Winterreise* gigantesco, donde cada soldado alemán podía recitar para sí esos mismos versos que dan comienzo al ciclo: «He llegado como un desconocido, / parto como un desconocido»? ¿No reproducen los siguientes versos su experiencia elemental: «Ahora el mundo es tan lúgubre, / mi camino está cubierto de nieve. / Para mi viaje / no puedo elegir el momento / debo hallar mi senda / en la oscuridad»?

Aquí tenemos la marcha interminable y sin sentido: «Me arden las plantas de los pies, / aunque camino / entre hielo y nieve. / No pararé a recuperar el aliento / hasta perder de vista las torres». El sueño de volver a casa en primavera: «Soñé con flores coloridas, / como las que florecen en mayo; / soñé con verdes prados, / con el gracioso canto de los pájaros». La nerviosa espera del correo: «Desde la calle se oye / el cuerno del postillón. / ¿Qué le sucede, que tan alto salta / mi corazón?». La conmoción de un ataque de artillería matutino: «Las nubes, hechas jirones, / se agitan en cansada lucha. / Y lenguas rojas de fuego / se interponen entre ellas». Completamente exhaustos, a los soldados se les niega hasta el consuelo de la muerte: «Estoy a punto de desfallecer. / Estoy herido de muerte. / Taberna sin piedad, ¿me cierras tus puertas? / ¡Pues entonces, adelante, / mi fiel cayado!».

¿Qué se puede hacer en una situación tan desesperada sino continuar con persistencia heroica, haciendo oídos sordos a las quejas del corazón, asumiendo la pesada carga del destino en un mundo abandonado por los dioses? «Cuando la nieve me cae en la cara, / la aparto. / Cuando el corazón me habla en el pecho, / canto con fuerza y alegría. / No oigo lo que me dice. / No tengo oídos. / No siento sus quejas. / Quejarse es de necios. / ¡Alegremente por el mundo / contra viento y temporal! / ¡Si no hay Dios sobre la tierra, / nosotros somos Dioses!»

La réplica evidente es que todo esto no es más que un paralelismo superficial: aunque haya una resonancia en la atmósfera y en las emociones, éstas están en cada caso ancladas en un contexto completamente diferente: en Schubert, el narrador deambula en invierno porque su amada le ha abandonado, mientras que los soldados alemanes van de camino a Stalingrado siguiendo los planes militares de Hitler. Sin embargo, es precisamente en este desplazamiento en lo que consiste la operación ideológica elemental: el modo que tenía un soldado alemán para poder soportar su situación era evitar la referencia a las circunstancias sociales concretas, que se hubieran hecho visibles a través de la reflexión (¿qué demonios estaban haciendo en Rusia?, ¿qué destrucción estaban trayendo a ese país?, ¿y qué decir de las matanzas de judíos?), y, en cambio, dejarse llevar por el lamento romántico del propio triste destino, como si la gran catástrofe histórica se materializara simplemente en el trauma del amante rechazado. ¿No constituye ésta la prueba máxima de la abstracción emocional, de la idea de Hegel de que las emociones son ABSTRACTAS, una huida de la red sociopolítica concreta accesible sólo al PENSAMIENTO?

Y uno se siente tentado a dar en este momento otro paso leninista: en nuestra interpretación de *Winterreise*, no sólo relacionamos a Schubert con una catástrofe histórica contingente posterior, no sólo intentamos imaginar cómo resonaba este ciclo de canciones en los oídos de los soldados alemanes listos para la batalla en Stalingrado. ¿Y si la relación con esta catástrofe nos permitiera entender qué había de malo en la propia posición romántica schubertiana? ¿Y si la posición del héroe trágico romántico, concentrado de manera narcisista en sus propios sufrimiento y desesperación hasta elevarlos a fuente de un placer pervertido, es ya de por sí una falacia, una pantalla ideológica que encubre el verdadero trauma de una realidad histórica más amplia? Habría que realizar, por consiguiente, el gesto propiamente hegeliano de *volver a proyectar la escisión entre el original auténtico y su posterior interpretación, teñida de circunstancias contingentes, sobre el propio original auténtico*: lo que, a primera vista, parece una distorsión secundaria, una interpretación tergiversada por las circunstancias contingentes externas, nos dice algo que el propio original auténtico no sólo reprime y omite, sino que, de hecho, *tenía la función de reprimir*. Aquí reside la respuesta leninista al célebre pasaje de la Introducción al manuscrito de los *Grundrisse*, en la que Marx señala cómo «la dificultad no consiste en comprender que el arte y la épica griegos están ligados a ciertas formas del desarrollo social. La dificultad consiste en comprender que pueden aún proporcionarnos goces artísticos y valen, en ciertos aspectos, como una norma y como un modelo inalcanzables»[51]. Este encanto universal está basado en su propia función ideológica, que nos permite abstraernos de nuestra constelación ideológico-política concreta, refugiándonos en el contenido (emocional) «universal». De modo que, lejos de indicar algún tipo de herencia transideológica de la humanidad, el atractivo universal de Homero depende del gesto universalizador de la ideología.

¿Significa esto que toda referencia sentimental universal a la humanidad es, por definición, ideológica? ¿Qué decir, entonces, de los llamamientos de Lenin contra el fervor patriótico durante la Primera Guerra Mundial? ¿No constituían un caso ejemplar de ejercicio de lo que Alain Badiou[52] llama la función universal de la «humanidad», que no tiene en absoluto nada que ver con el denominado «humanismo»? Esta «humani-

---

[51] Karl MARX, *Elementos fundamentales para la crítica de la economía política (Grundrisse), 1857-1858*, Madrid, Siglo XXI, 1972, p. 32.

[52] Véase Alain BADIOU, *Conditions*, cit.

dad» no es ni una abstracción teórica ni la afirmación sentimental imaginaria de una hermandad omniabarcante, sino una función universal que cobra realidad en experiencias extáticas únicas, como las de los soldados de trincheras contrarias que comienzan a fraternizar. En la legendaria novela cómica de Jaroslav Hasek, *Las aventuras del valeroso soldado Schwejk*, que narra las aventuras de un soldado checo normal que socava el orden vigente simplemente siguiendo las órdenes con demasiada literalidad, Schwejk se encuentra en la primera línea de trincheras en Galitzia, donde un ejército austríaco hace frente a los rusos. Cuando los soldados austríacos empiezan a disparar, el desesperado Schwejk se precipita hacia la tierra de nadie que hay delante de las trincheras, agitando desesperadamente las manos y gritando: «¡No disparen! ¡Hay hombres al otro lado!». Esto es a lo que aspiraba Lenin en el verano de 1917 en su llamamiento a los campesinos cansados y a otras masas trabajadoras agotadas a que abandonasen el combate, desdeñado como parte de una estrategia despiadada por granjearse el apoyo popular y ganar así poder, aunque ello supusiera la derrota militar de su propio país (recuerden el clásico argumento de que, cuando, en la primavera de 1917, Lenin obtuvo permiso del Estado alemán para cruzar Alemania en un tren blindado en su camino de Suiza a Suecia, Finlandia y, a continuación, Rusia, estaba actuando *de facto* como un agente alemán). La mejor ilustración del tipo de barrera que se derrumbaba aquí la tenemos en el sobrecogedor acontecimiento que tuvo lugar la noche del 7 de noviembre de 1942, cuando, mientras Hitler atravesaba Turingia a bordo de su tren especial, discutía las principales noticias del día con varios asistentes en el vagón restaurante; como los bombardeos aéreos de los aliados habían causado desperfectos en las vías, el tren aminoraba la marcha con frecuencia:

> Mientras la cena se servía en exquisita porcelana, el tren volvió a parar en una vía muerta. Unos metros más allá, un tren hospital esperaba poder volver a ponerse en marcha y desde sus camillas en litera, soldados heridos escudriñaban la luz brillante del cenador en el que Hitler estaba inmerso en la conversación. De repente, Hitler levantó la vista y vio las caras llenas de temor reverencial que lo miraban fijamente. Con gran enojo, ordenó correr las cortinas, volviendo a sumir a sus guerreros heridos en la oscuridad de su mundo desolado.

El milagro de esta escena está redoblado. A cada lado, se vivía lo que se veía por la ventana como una aparición fantasmática: para Hitler, se trataba de una visión de pesadilla de los resultados de su aventura militar; para los soldados, era un encuentro inesperado con el Líder en persona. El verdadero milagro hubiera tenido lugar en esta situación si una mano se hubiera tendido a través de la ventana, pongamos la de Hitler, alcanzando a un soldado herido. Pero, claro, precisamente este tipo de encuentro, este tipo de intrusión en su realidad, era lo que le daba pavor a Hitler, de modo que, en lugar de tender la mano, ordenó, presa del pánico, correr las cortinas... ¿Cómo podemos entonces atravesar esta barrera y llegar al Verdadero Otro? Existe una larga tradición literaria que eleva el encuentro cara a cara con un soldado enemigo a la categoría de LA auténtica experiencia de guerra (véanse los escritos de Ernst Jünger, que celebraba tales encuentros en sus memorias de los ataques de trincheras durante la Primera Guerra Mundial): los soldados a menudo fantasean con la idea de matar al soldado enemigo en un enfrentamiento cara a cara, mirándole a los ojos antes de apuñalarlo. Lejos de impedir que se prologue el combate, este tipo de comunión de sangre mística sirve precisamente de falsa legitimación «espiritual» de éste. ¿Se va un paso más allá en semejante ideología oscurantista con los momentos sublimes de solidaridad como el que tuvo lugar en la batalla de Stalingrado, cuando, en la Nochevieja de 1942, actores y músicos rusos visitaron la ciudad asediada para entretener a las tropas? El violinista Mijail Goldstein fue a las trincheras para interpretar un concierto en solitario para los soldados:

> Las melodías que creó salieron de los altavoces a la deriva hasta alcanzar las trincheras alemanas y de repente cesaron los disparos. En el silencio sobrecogedor, la música fluía del arco rezumante de Goldstein.

> Cuando acabó, un profundo silencio se cernió sobre los soldados rusos. Desde otro altavoz, esta vez en territorio alemán, una voz rompió el hechizo. En un ruso vacilante, rogó: «Toque algo más de Bach. No dispararemos».

> Goldstein cogió su violín y empezó una alegre gavota de Bach[53].

El problema con esta interpretación de violín reside, claro, en que, en efecto, no funcionó más que como un breve momento sublime de suspensión: inmediatamente después, los disparos continuaron. Por lo tanto, esta interpretación no sólo no impidió los disparos, sino que llegó incluso a reforzarlos, proporcionando un contexto común para las dos partes implicadas. Uno se siente tentado a aventurar la hipótesis de que no impidió los disparos precisamente porque era demasiado noble y «profunda»: lo que hace falta para obtener algún efecto en este sentido es algo mucho más superficial. Una experiencia mucho más eficaz de humanidad universal, es decir, del sin sentido del conflicto en el que estamos envueltos, puede tomar la forma de un simple cruce de miradas que lo dice todo. Durante una de las manifestaciones *antiapartheid* en la vieja Sudáfrica, cuando una unidad de policías blancos estaba dispersando y persiguiendo a los manifestantes negros, un policía corría detrás de una señora negra con una porra de

---

[53] William CRAIG, *Enemy at the Gates*, Harmondsworth, Penguin Books, 2000, pp. 307-308.

goma en la mano. Inesperadamente, la señora perdió uno de los zapatos; obedeciendo automáticamente sus «buenos modales», el policía recogió el zapato y se lo dio; en ese momento, sus miradas se cruzaron y ambos se dieron cuenta de la necedad de su situación; después de un gesto de cortesía así, es decir, después de tenderle el zapato y esperar a que se lo volviera a poner, al policía le era sencillamente IMPOSIBLE seguir corriendo detrás de la señora y golpearla con la porra; de modo que, tras saludarla cortésmente con una inclinación de cabeza, se dio la vuelta y se fue... La moraleja de esta historia NO es que el policía descubriera de repente su bondad innata, es decir, NO estamos viéndonoslas con un caso de triunfo de la bondad natural sobre la formación ideológica racista; por el contrario, con toda probabilidad, el policía era –por lo que se refiere a su actitud psicológica– un racista normal. Lo que triunfó aquí fue simplemente su formación «superficial» en cuestiones de cortesía.

Cuando el policía alargó la mano para devolver el zapato, este gesto era más que un momento de contacto físico. El policía blanco y la señora negra vivían literalmente en dos universos sociosimbólicos diferentes, sin ninguna comunicación directa posible: para cada uno de los dos, la barrera que separaba ambos universos quedó suspendida por un breve instante, y fue como si una mano de otro universo espectral se metiera en la propia realidad ordinaria. Sin embargo, para transformar este momento mágico de suspensión de barreras simbólicas en un logro más sustancial, hace falta algo más, como, por ejemplo, compartir bromas soeces. En la ex Yugoslavia, circulaban bromas sobre cada grupo étnico, que era estigmatizado por determinada característica: se suponía que los montenegrinos eran extremadamente vagos; los bosnios, estúpidos; los macedonios, ladrones; los eslovenos, tacaños... Resulta significativo que estas bromas decayeran con el aumento de las tensiones étnicas a finales de la década de los ochenta: no se escuchó ninguna de ellas en los noventa, cuando estallaron las hostilidades. Lejos de ser simplemente racistas, estas bromas, en especial aquellas en las que se encontraban miembros de diferentes nacionalidades –del tipo «un esloveno, un serbio y un albano se van de compras y...»–, eran una de las formas clave de la existencia real de la «hermandad y unidad» oficial de la Yugoslavia de Tito. En este caso, las bromas soeces comunes no funcionaban como medio para excluir a otros que no están «dentro», sino como mecanismo para su *inclusión*, para establecer un mínimo de pacto simbólico. Los indios (americanos nativos) fumaban la pipa proverbial de la paz, mientras que nosotros, desde el balcánico más primitivo, tenemos que intercambiar palabrotas. Para instaurar una verdadera solidaridad, la experiencia común de la alta cultura no basta; hay que intercambiar con el Otro la embarazosa idiosincrasia del placer soez.

En el transcurso de mi servicio militar, me hice muy amigo de un soldado albanés. Como es bien sabido, los albaneses son muy sensibles a los insultos sexuales que hacen referencia a los miembros más cercanos de su familia (la madre, la hermana); me sentí de verdad aceptado por mi amigo albanés cuando dejamos atrás el juego superficial de cortesía y respeto y empezamos a saludarnos con insultos formalizados. El primer paso lo dio el albanés: una mañana, en lugar del habitual «¡hola!», me saludó con un «¡me follo a tu madre!»; sabía que se trataba de una invitación a la que tenía que reaccionar de la manera correcta –así que contesté abruptamente: «¡Adelante, toda para ti, en cuanto termine con tu hermana!»–. Este intercambio perdió pronto su carácter abiertamente soez o irónico y se formalizó: después de apenas dos semanas, ya ninguno de lo dos nos molestábamos en decir la frase completa; por la mañana, al vernos, él se limitaba a saludar con la cabeza y decir «¡tu madre!», a lo que yo no hacía más que responder «¡tu hermana!»... Este ejemplo deja claros los peligros de una estrategia así: la solidaridad soez surge con demasiada frecuencia a expensas de una tercera parte –en este caso, implica una solidaridad masculina a expensas de las mujeres–. (¿Podemos imaginar la versión invertida, una mujer joven que saluda a su amiga con un «¡me follo a tu marido!», a lo cual la otra contesta: «¡Adelante, en cuanto termine con tu padre!»?) Quizás éste es el motivo por el cual la relación entre Jacqueline y Hilary du Pre nos resulta tan «escandalosa»: el hecho de que, con el visto bueno de su hermana, Jacqueline tuviera una aventura con su marido resulta tan insoportable porque implica la inversión de la clásica lógica levi-straussiana de las mujeres como objeto de intercambio entre hombres, ya que, en este caso, era el *hombre* quien servía de objeto de intercambio entre mujeres.

Hay otro problema aquí, el del poder y la autoridad: el ejemplo de mi ritual soez con el soldado albanés sólo sirve porque entre el albanés y yo existía una igualdad presupuesta: ambos éramos soldados rasos. De haber sido yo un oficial, hubiera sido demasiado arriesgado para el albanés, prácticamente impensable, dar el primer paso. Sin embargo, si el albanés hubiera sido un oficial, la situación habría resultado todavía más soez: su gesto hubiera constituido un ofrecimiento de falsa solidaridad soez que vendría a ocultar las relaciones de poder subyacentes, esto es, un caso paradigmático de ejercicio «posmoderno» de poder. La figura tradicional de autoridad (el jefe, el padre) insiste en ser tratada con el debido respeto, siguiendo las reglas formales de autoridad; el intercambio de palabrotas y de comentarios socarrones tiene que producirse a sus espaldas. El jefe o padre de hoy en día, por el contrario, insiste en que deberíamos tratarlo como a un amigo, se dirige a nosotros con una familiaridad indiscreta, bombardeándonos con alusiones sexuales, invitándonos a tomar algo con ellos o a compartir un chiste verde, todo ello dirigido a establecer un lazo de fraternidad masculina, mientras que la relación de autoridad (nuestra subordinación a él) no sólo permanece intacta, sino que se llega a tratar como una especie de secreto que habría que respetar y sobre el que no habría que hablar. Para el subordinado, una constelación así resulta mucho más claustrofóbica que la autoridad tradicional: hoy en día, estamos desprovistos hasta del espacio privado de ironía y burla, ya que el amo está presente en los dos ámbitos, es una autoridad y, al mismo tiempo, un amigo.

No obstante, este enigma no es tan insoluble como pueda parecer: en cada situación concreta, sabemos siempre de forma «espontánea» de qué se trata, es decir, si el intercambio de palabrotas es «auténtico» o una intimidad falsa que oculta una relación de subordinación. El verdadero problema es más radical: ¿es acaso posible un contacto directo en lo Real, sin un marco simbólico subyacente? El contacto con el Verdadero Otro es inherentemente frágil: cada contacto de este tipo resulta precario y frágil en extremo, el acercamiento auténtico al Otro puede volver a ser en cualquier momento una intrusión violenta en el espacio íntimo del Otro... La salida de este aprieto parece venir proporcionada de la mano de la lógica de la interacción social, representada de manera inmejorable en las obras maestras de Henry James: en este universo nuestro en el que el *tacto* predomina por encima de todo, en el que el estallido público de las propias emociones está considerado la máxima vulgaridad, se dice todo, se toman las decisiones más dolorosas, se transmiten los mensajes más delicados y, sin embargo, todo ello tiene lugar bajo la apariencia de una conversación formal. Incluso cuando chantajeo a mi compañero, lo hago con una educada sonrisa, ofreciéndole té con bizcochos... ¿Acaso entonces es que, mientras que el acercamiento directo y brutal no consigue dar con el núcleo del otro, una danza discreta puede alcanzarlo? En *Minima moralia*, Adorno señaló la extrema ambigüedad del tacto, ya claramente perceptible en Henry James: la consideración respetuosa por la sensibilidad del otro, el cuidado de no violar su intimidad, puede dar paso con facilidad a una insensibilidad brutal hacia su dolor[54].

---

[54] Véase Theodor W. ADORNO, *Minima moralia*, Frankfurt am Main, Suhrkamp Verlag, 1997, pp. 38-41 [ed. cast.: *Minima moralia*, Madrid, Ediciones Akal, 2004].

V

¿Amaba Lenin a su prójimo?

Cuando compartimos un espacio común con desconocidos –pongamos, cuando un repartidor o un técnico entra en nuestro piso–, nos ignoramos mutuamente con cortesía, absteniéndonos de investigar la privacidad del otro (qué desea, cuáles son sus sueños secretos); el gran Otro lacaniano es, entre otras cosas, uno de los nombres para este Muro que nos permite mantener la distancia adecuada, garantizando que la proximidad del otro no nos desborde: cuando hablamos con un dependiente, no «nos ponemos íntimos». (La paradoja reside en que este mismo Muro no es sólo negativo: al mismo tiempo, genera fantasías sobre lo que se esconde tras él, sobre lo que el otro en verdad desea.) Nuestra vida cotidiana en el capitalismo tardío implica una abdicación inaudita de la experiencia de los otros:

> Para sortear a una persona sin techo agazapada en un portal y *seguir andando*, para *disfrutar* de la cena cuando hay niños hambrientos, para *descansar* por la noche cuando el sufrimiento es incesante, la función diaria atomizada exige que cerremos la puerta a nuestros afectos por otros y a nuestras relaciones con otros (en palabras de la cultura dominante, nuestra economía está compuesta por individuos que respetan su respectiva individualidad). Detrás de la caricatura del liberal de gran corazón, está la verdad de la política: como te sientes es como actúas[55].

No estamos tratando aquí la psicología individual, sino la subjetividad capitalista como una forma de abstracción inscrita en el nexo mismo de las relaciones sociales «objetivas» y determinada por él:

---

[55] Anna Kornbluh, «The Family Man», cit.

La indiferencia por un trabajo particular corresponde a una forma de sociedad en la cual los individuos pueden pasar fácilmente de un trabajo a otro y en la que el género determinado de trabajo es para ellos fortuito y, por lo tanto, indiferente. El trabajo se ha convertido, entonces, no sólo en cuanto categoría, sino también en la realidad, en el medio para crear la riqueza en general y, como determinación, ha dejado de adherirse al individuo como una particularidad suya. Este estado de cosas alcanza su máximo desarrollo en la forma más moderna de sociedad burguesa, en Estados Unidos. Aquí, pues, la abstracción de la categoría «trabajo», el «trabajo en general», el trabajo *sans phrase*, que es el punto de partida de la economía moderna, resulta por primera vez prácticamente cierta[56].

Así que, del mismo modo en que Marx expuso cómo, en el seno de la economía de mercado, la abstracción está inscrita en la propia experiencia individual (un trabajador vive su profesión particular directamente como una realización contingente de su capacidad abstracta de trabajo, no como una componente orgánica de su personalidad; un amante «alienado» vive su pareja sexual como una pieza contingente que satisface su necesidad de gratificación sexual y/o emocional; etc.), la abstracción también está inscrita en la manera en que, en el plano más inmediato, nos relacionamos con otros: los IGNORAMOS en un sentido fundamental del término, reduciéndolos a portadores de funciones sociales abstractas. Y, evidentemente, la cuestión aquí es que «cada sistema de poder necesita configuraciones emocionales específicas»[57]: la «frialdad» fundamental del sujeto del capitalismo tardío se ve suplantada/encubierta por el fantasma de una rica vida emocional privada que sirve de pantalla de fantasía protectora frente a la abrumadora experiencia de lo Real del sufrimiento de otros. Hoy en día, el viejo chiste de un hombre rico que ordena a su criado: «¡Echa a este mendigo indigente —soy una persona demasiado delicada para poder soportar ver a gente sufrir!» resulta más apropiado que nunca. El inevitable precio que se paga por esta abstracción es que el propio ámbito de la privacidad queda «reificado», convertido en un dominio de satisfacciones calculadas: ¿hay algo más tristemente antierótico que la petición proverbial de un *yup-*

---

[56] K. Marx, *Elementos fundamentales...*, cit., de la ed. original alemana. Cuando Kierkegaard situaba el mal fundamental de la modernidad en el ámbito del público anónimo sustentado por la prensa (los diarios), su violenta crítica iba dirigida hacia la misma abstracción: «La abstracción de la prensa (porque un periódico, una revista, no es ninguna concreción política y sólo constituye un individuo en un sentido abstracto), combinada con la frialdad y reflexividad de esta época, da origen al fantasma de la abstracción, el público» (Søren KIERKEGAARD, *The Present Age*, Harper and Row, Nueva York, 1962, p. 64). Es decir, para Kierkegaard, la «abstracción» es aquí también «real»: no nombra una denominación teórica, sino la propia experiencia vital real, el modo en el que los individuos se refieren a sí mismos cuando «discuten problemas» desde la posición no implicada de un observador exterior: cuando hacemos esto, nos «abstraemos» de nuestro anclaje en una situación concreta.

[57] Anna Kornbluh, «The Family Man», cit.

pie a su pareja de «¡démonos algo de tiempo de calidad para disfrutar juntos!»?[58] No es de extrañar, entonces, que el reverso de esta distancia sean brutales y humillantes intrusiones en el espacio íntimo de los otros: desde los programas de confesiones hasta los sitios de *webcams* en internet, donde podemos observar, situados en el fondo de la taza del váter, cómo defeca otra gente. Es bien sabido que a la gente le resulta mucho más fácil confiar sus sueños y miedos más íntimos a absolutos desconocidos que a quien tiene más cerca: fenómenos como los canales de chat y el tratamiento psicoanalítico cuentan, como es obvio, con esta paradoja. Hacer una confesión a un desconocido completamente ajeno a nuestro círculo de relaciones garantiza que ésta no removerá más el embrollo de pasiones en el que estamos envueltos: al no ser uno de nuestros otros cercanos, el desconocido es, en cierto sentido, *el gran Otro mismo*, el receptáculo neutral de nuestros secretos. Sin embargo, el «solipsismo compartido» de hoy en día se mueve en un plano distinto: no se trata sólo de que utilicemos a los desconocidos para confiarles los secretos de los amores y odios que estructuran nuestras relaciones con la gente que conocemos y que tenemos cerca; es como si sólo pudiéramos entablar estas mismas relaciones contra el telón de fondo de una distancia garantizada. Cosas que, hasta ahora, tenían *status* de excepción (como la noche proverbial de sexo apasionado pasada con un absoluto desconocido y con el conocimiento de que, a la mañana siguiente, cada uno de nosotros seguirá su propio camino, sin volver a encontrarse) se están imponiendo paulatinamente como nueva norma.

Lo que significa esta desaparición de la frontera entre lo público y lo privado es que detalles concretos de la vida íntima están pasando a formar parte de la imagen pública, volviéndose accesibles para cualquiera en libros y sitios web y dejando de ser el secreto obsceno sobre el que uno susurra en privado. Por expresarlo de un modo conservador y ligeramente nostálgico, el escándalo reside en el propio hecho de que ya no hay escándalo. El fenómeno empezó con modelos y estrellas de cine: el videoclip (falso) de Claudia Schiffer haciendo una apasionada felación simultánea a dos penes ha sido divulgado por todas partes; si uno hace una búsqueda en internet de datos sobre Mimi MacPherson (la hermana menor de la más conocida modelo australiana Elle MacPherson), llegará a sitios web dedicados a su excepcional actividad ecológica (como directora de una empresa de observación ballenera), entrevistas con ella como mujer de negocios, sitios web con fotos suyas «decentes», MÁS un vídeo robado en el que aparece masturbándose y, a continuación, copulando con su amante. Y qué decir del último

---

[58] Parte del matiz de esta frase se pierde con la traducción: en el original, se utiliza la expresión *quality time* («let's spend some quality time together»), con la que los angloparlantes hacen referencia al tiempo dedicado a la familia y los amigos, pero que, en su sentido más literal (tiempo de calidad), resuena, especialmente en la vida de un *yuppie*, con todo un modo de optimización de la productividad en las empresas de la *new economy*, hecho de círculos de calidad, controles de calidad, etc. *[N. de la T.]*

libro de Catherine Millet[59], en el que esta crítica de arte mundialmente famosa describe con un estilo desapasionado y frío, sin vergüenza o culpa –y, por consiguiente, también sin ningún sentimiento entusiasta de transgresión–, los detalles de su exuberante vida sexual, hasta su participación regular en grandes orgías, en las que es penetrada o juega con docenas de penes anónimos en una sola sesión. En este contexto, no hay límites *a priori* y no cuesta imaginar que, en un futuro próximo, un político (discretamente, al principio) permita la circulación en público de un vídeo *hardcore* de sus relaciones sexuales, para convencer a los votantes de su poder de seducción o de su potencia. Hace casi cien años, Virginia Woolf escribió que, en torno a 1912, la naturaleza humana había cambiado; quizás este enunciado sea mucho más apropiado para designar el giro radical en el *status* de la subjetividad marcado por la desaparición actual de la división entre público y privado y apreciable en fenómenos como los *reality soaps*[60] estilo «Gran Hermano»[61].

Bajo las condiciones del capitalismo tardío, nuestra vida afectiva está, pues, profundamente escindida: por un lado, está el ámbito de la «privacidad», de islas íntimas de sinceridad emocional e intensos compromisos que, precisamente, sirven de obstáculos que nos ciegan ante formas mayores de sufrimiento; por otro lado, está la pantalla (metafórica y literal) a través de la cual percibimos ese sufrimiento mayor, bombardeados como estamos a diario con reportajes televisivos sobre limpiezas étnicas, violaciones, torturas y catástrofes naturales que nos mueven a una honda compasión y que, en ocasiones, hacen que nos impliquemos en actividades humanitarias. Incluso cuando esta implicación está cuasi «personalizada» (como la foto y la carta de un niño en África al que apoyamos a través de aportaciones financieras regulares), el pago conserva en

---

[59] Catherine MILLET, *La vie sexuelle de Catherine M.*, París, Editions du Seuil, 2001 [ed. cast.: *La vida sexual de Catherine M.*, Barcelona, Anagrama, 2001].

[60] Combinados de *reality show* y telenovela [*soap opera*]. [N. de la T.]

[61] Sin embargo, pese a esta ruptura radical, la digitalización actual indica el punto culminante de la tradición propiamente metafísica. Adorno mencionó en alguna parte que toda gran filosofía era una variación de la prueba ontológica de la existencia de Dios: un intento de pasar directamente del pensamiento al ser, formulado por primera vez por Parménides en su afirmación de la identidad entre pensamiento y ser. (Incluso Marx pertenece a esta línea: ¿no es su idea de «conciencia de clase» precisamente la de un pensamiento que interviene de forma directa en el ser social, tal y como lo expuso de manera ejemplar Geörgy Lukács en su *Historia y conciencia de clase*?) Y, por consiguiente, ¿no es la ideología digital del ciberespacio –en su intento de pasar «from the bit to the It», es decir, de generar el propio espesor del ser a partir del orden formal-estructural digital– la última fase de este desarrollo? [la frase *from the bit to the It* contiene un curioso juego de palabras, ya que *It* puede aquí traducirse tanto por Tecnología de la Información (*Information Technology*, cuya abreviatura es IT) como por la noción filosófica y psicoanalítica de Ello: así pues, la ideología digital intenta pasar del *bit* a la informática, así como del *bit* al Ello, a la cosa en sí misma, al Ser (N. de la T.)].

ella, en última instancia, esa función subjetiva fundamental identificada por el psico-análisis: damos dinero para mantener el sufrimiento de otros a una distancia adecuada que nos permita dejarnos llevar por la compasión emocional sin poner en peligro nuestro seguro aislamiento de su realidad. Esta separación con respecto a las víctimas es la verdad del discurso de la victimización: yo (el hostigado) frente a los otros (en el Tercer Mundo, o los sin techo en nuestras ciudades) por quienes siento compasión a distancia. En contraste con esta putrefacción ideológico-emocional, el auténtico TRABAJO de Amor no reside en ayudar a otros como si les tirásemos trozos de nuestra riqueza desde el otro lado de la segura barrera: se trata, más bien, del trabajo de desmantelar esa barrera, de llegar al Otro excluido y sufriente.

Habría que contraponer este auténtico trabajo de amor a ese antirracismo que apacigua las conciencias al estilo de *Adivina quién viene a cenar esta noche*, donde el prometido negro de la chica blanca de clase media-alta es culto, rico, etc., cuyo único defecto es el color de la piel: a los padres de la chica les resulta fácil superar la barrera y amar a un «prójimo» ASÍ; sin embargo, ¿qué decir del proverbial afroamericano de *Haz lo que debas*, de Spike Lee, que importuna a los blancos mientras se pasea de acá para allá con el «loro» a todo volumen? ESTE *jouissance* excesivo e invasor es lo que habría que aprender a tolerar: ¿no es éste el sujeto ideal del «acoso cultural»?[62] ¿Y no es también la obsesión por el «acoso sexual» una forma de intolerancia –o de «tolerancia cero», por utilizar el término orwelliano tan generalizado entre los cuerpos de seguridad del Estado– hacia el goce del otro? Este goce es, por definición, excesivo: todo intento de establecer su «justa medida» fracasa, ya que la seducción y las proposiciones sexuales son de por sí invasoras, perturbadoras. Por consiguiente, ¿no constituye el tema fundamental de la lucha contra el «acoso» la idea de que cada uno tiene derecho individual a que SUS PRÓJIMOS LO DEJEN EN PAZ, a ser protegido de su *jouissance* invasor?

¿Por qué Hamburgo tiene tres estaciones de tren de largo recorrido, la estación central [Hamburg-Hauptbanhof], Hamburg Dammtor y Hamburg-Altona, las tres en la misma línea? La diferencia entre las dos primeras, el hecho aparentemente «irracional» de que, a unos minutos a pie de la estación principal, haya otra estación, la estación Dammtor, resulta fácil de explicar: la clase dirigente quería una estación donde sus miembros pudieran subir al tren sin ser molestados por la muchedumbre de clase baja. Más enigmática resulta la tercera estación: Altona. No está claro de dónde proviene este término: mientras que, de acuerdo con algunas fuentes, hace referencia a la percepción de que este poblado danés estaba *all to nah* («demasiado cerca») de la propia

---

[62] La situación en Polonia en la década de los noventa brinda un ejemplo único de este tipo de amor por el prójimo: la inesperada amistad del general Jaruzelski y Adam Michnik, el antiguo disidente: ÉSTOS son los verdaderos prójimos, extraños radicales uno para el otro, llegados de dos universos (ideológicos) diferentes y, no obstante, capaces de establecer un contacto entre sí.

Hamburgo, la explicación más probable lo asocia a la expresión *all ten au* («junto al arroyo»). Con todo, el hecho es que, desde principios del siglo XVI, los ciudadanos de Hamburgo han estado quejándose sin parar de este pequeño poblado, originalmente danés, al noroeste del centro de la ciudad. En lo que respecta a la teoría de «demasiado cerca», habría que repetir el viejo proverbio italiano: *se non é vero, é ben trovato*, esto es, aunque no sea cierto [desde el punto de vista de los hechos], está bien pensado. Así es cómo se organiza, para Freud, un síntoma: como acusación histérica que, claramente, desde el punto de vista de los hechos, no es cierta, pero que, no obstante, está «bien pensada», en la medida en que resuena en ella un deseo inconsciente. Y, del mismo modo, la función simbólica de la tercera estación, Altona, consiste en mantener a los intrusos, que siempre están «demasiado cerca», a una distancia adecuada, al mismo tiempo que sirve para desplazar/mistificar el antagonismo social básico (la lucha de clases) en el falso antagonismo entre «nosotros» (nuestra nación, en la que todas las clases están unidas en un mismo cuerpo social) y «ellos» (los intrusos extranjeros).

La conexión entre estas dos oposiciones proporciona las coordenadas mínimas de lo que Ernesto Laclau conceptualizó como lucha por la *hegemonía*[63]. La característica clave del concepto de hegemonía reside en la conexión contingente entre diferencias intrasociales (elementos DENTRO del espacio social) y el límite que separa la sociedad misma de la no sociedad (el caos, la total decadencia, la disolución de todos los lazos sociales): el límite entre lo Social y su exterioridad, lo no Social, sólo puede articularse bajo el pretexto de una diferencia (trazándose sobre una diferencia) entre elementos del espacio social. La lucha dentro del cuerpo social (entre Hauptbanhof y Dammtor, los oprimidos y la clase dirigente) se ve reflejada siempre, por una necesidad estructural, en la lucha entre el cuerpo social «propiamente dicho» («todos nosotros, trabajadores y gobernantes») y los que están fuera («ellos», los extranjeros que están «demasiado cerca», en Altona). Es decir, la lucha de clases es, en último término, la lucha por el significado de la sociedad «propiamente dicha», la lucha por cuál de las dos clases se impondrá como relevo de la sociedad «propiamente dicha», rebajando con ello a su contraria al papel de relevo de lo no Social (la destrucción y la amenaza para la sociedad): para expresarlo de un modo más simple, ¿será que la lucha de las masas por la emancipación supone una amenaza a la civilización como tal, puesto que la civilización sólo puede prosperar en un orden social jerárquico? ¿O será que la clase dirigente es un parásito que amenaza con arrastrar a la sociedad hacia la autodestrucción, de modo que la única alternativa al socialismo es la barbarie? Esto, por supuesto, no implica en absoluto que el modo en el que nos relacionemos con «ellos» sea secundario y que simplemente debamos volver a poner el foco de atención en el antagonismo que escinde «nuestra» sociedad desde dentro: el modo en el que nos relacionamos con «ellos», con

---

[63] Véase Ernesto Laclau y Chantal Mouffe, *Hegemony and Socialist Strategy*, cit.

el tercer elemento, es el indicador clave acerca de cuál es nuestro posicionamiento real con respecto al antagonismo inherente. ¿No consiste la operación básica del populismo neofascista actual precisamente en combinar la interpelación a la clase obrera con la interpelación racista («las empresas multinacionales cosmopolitas como verdadero enemigo de nuestros honestos trabajadores»)? Lo cual explica, por tomar el ejemplo extremo, que para los judíos del Israel de hoy en día, «¡Ama a tu prójimo!» significa «¡Ama a los palestinos!» O NO SIGNIFICA NADA EN ABSOLUTO[64].

En la mayoría de sociedades occidentales, los tribunales conocen la medida con la que imponer la «orden de restricción»: cuando alguien demanda a otra persona por acoso (por persecución y acoso obsesivo y reiterado, por insinuaciones sexuales injustificadas, etc.), al acosador se le puede prohibir legalmente acercarse deliberadamente a más de 100 metros de la víctima. Por más que esta medida sea necesaria ante la realidad evidente del acoso, hay no obstante en ella algo de la defensa contra lo Real del deseo del Otro: ¿no es evidente que hay algo increíblemente *violento* en expresar de manera abierta la propia pasión por otro ser humano a ese mismo ser? La pasión, por definición, *hiere* a su objeto y, aunque su destinatario acepte de buena gana ocupar ese lugar, nunca podrá hacerlo sin un momento de pavor y sorpresa. O, por declinar una vez más el aforismo de Hegel de «el Mal reside en la propia mirada que percibe el Mal por todas partes a su alrededor»: la intolerancia hacia el Otro reside en la propia mirada que percibe por todas partes a su alrededor Otros intolerantes e invasores. En especial, habría que poner en duda la obsesión con el acoso sexual a las mujeres cuando son hombres quienes la expresan: después de rascar mínimamente la superficie de «profeminismo» políticamente correcto, pronto aparece el buen y viejo mito machista de que las mujeres son criaturas indefensas que habría que proteger no sólo de hombres invasores, sino también, en última instancia, de *sí mismas*. El problema no es que no puedan protegerse a sí mismas, sino que puede que empiecen a DISFRUTAR del acoso sexual,

---

[64] Al mismo tiempo que se rechaza de forma incondicional la ocupación israelí de Cisjordania, habría evidentemente que oponerse, de forma no menos incondicional, a los estallidos antisemitas en Europa occidental, justificados como una «*intifada* exportada», es decir, como gestos de solidaridad con los palestinos oprimidos (desde ataques a sinagogas en Alemania a cientos de incidentes antisemitas en Francia en el otoño del año 2000). En este contexto, no habría que desplegar ninguna «comprensión»: no debería haber espacio alguno para la lógica de «¡pero habría que entender que los ataques a judíos en Francia son una reacción a la brutalidad militar israelí!», así como tampoco para la lógica de «¡pero se puede entender la reacción militar israelí; quién no tendría miedo después del holocausto y de dos mil años de antisemitismo!». Una vez más, en esta situación, habría que oponerse al doble chantaje: si se es propalestino, se es *eo ipso* antisemita y, si se está contra el antisemitismo, se debe ser, *eo ipso*, proIsrael. La solución NO es un compromiso, una «justa medida» entre los dos extremos; por el contrario, habría que ir hasta el final en ambas direcciones, en la defensa de los derechos palestinos, así como en la lucha contra el antisemitismo.

es decir, puede que la intrusión masculina libere en ellas una explosión autodestructiva de goce sexual excesivo… En suma, en lo que habría que fijarse es en *qué tipo, dentro de la noción de subjetividad, está implicado en la obsesión con las distintas modalidades de acoso.* ¿No se trata de la subjetividad «narcisista» para la que todo lo que hacen otros (dirigirse a mí, mirarme…) constituye una amenaza en potencia, de modo que, tal y como lo expresó Sartre hace mucho tiempo, *l'enfer, c'est les autres* [«el infierno son los otros»]? Con respecto a la mujer como objeto de perturbación, cuanto más tapada esté, más se fija nuestra atención (masculina) en ella, en lo que hay bajo el velo. Los talibanes no sólo obligaban a las mujeres a andar en público completamente cubiertas con velos, también les prohibían llevar zapatos con tacones demasiado sólidos (de metal o madera) y les ordenaban andar de tal suerte que no hicieran un taconeo demasiado sonoro que pudiera atraer la atención de los hombres y, por lo tanto, distraerlos, perturbando su paz interior y su dedicación. He aquí la paradoja del plus de goce en su más pura expresión: cuanto más se cubre al objeto con velos, más intensamente perturbador resulta el más mínimo rastro de su recuerdo.

¿Y no sucede lo mismo con la creciente prohibición de fumar: primero, todas las oficinas fueron declaradas «zonas libres de tabaco», a continuación vinieron los aviones, luego los restaurantes, luego los aeropuertos, luego los bares, luego los clubes privados, luego algunos campus, donde se prohibió fumar en 50 metros a la redonda de las entradas de los edificios, luego –en un caso único de censura pedagógica, que nos trajo a la memoria la famosa práctica estalinista de retoque de las fotos de la *nomenklatura*– la supresión por parte del Servicio Postal estadounidense del cigarrillo que aparecía en los sellos con el retrato fotográfico del guitarrista de blues Robert Johnson y de Jackson Pollock, hasta llegar a los últimos intentos de prohibir encender un cigarrillo en la acera o en un parque? Christopher Hitchens tenía razón al señalar que no sólo las pruebas médicas de la amenaza que supone «fumar pasivamente» son, como mínimo, extremadamente débiles, sino que, además, estas mismas prohibiciones, hechas «por nuestro propio bien», son, «en esencia, ilógicas, viniendo a presagiar un mundo supervisado en el que viviremos sin dolor, a salvo e invadidos por el tedio»[65]. ¿No vuelve a ser el blanco de

---

[65] Christopher HITCHENS, «We Know Best», *Vanity Fair* (mayo de 2001), p. 34. ¿Y no se trata de la misma visión totalitaria que con frecuencia se aprecia en la oposición a la pena de muerte? Por expresarlo en términos foucaultianos, ¿no forma la abolición de la pena de muerte parte de cierta «biopolítica» que considera el crimen resultado de circunstancias sociales, psicológicas, ideológicas, etc., es decir, para la cual la idea del sujeto moral/legalmente responsable es una ficción ideológica cuya función consiste en ocultar las relaciones de poder y de acuerdo con la cual los individuos no son responsables de los crímenes que perpetran, así que no habría que castigarles? Sin embargo, ¿no es el reverso de esta tesis que quienes controlan las circunstancias controlan a la gente? La postura de Lenin –la introducción inequívoca de la lucha de clases como línea de separación con respecto a

estas prohibiciones el *jouissance* excesivo y peligroso del Otro, encarnado en el acto de encenderse de forma «irresponsable» un cigarrillo y aspirar profundamente con un placer descarado en contraste con los *yuppies* clintonitas que lo hacen sin aspirar (o que tienen relaciones sexuales sin penetración real o que ingieren comida sin grasa o…)?[66] Lo que convierte el tabaco en un blanco tan perfecto es que el proverbial «cañón humeante»[67] constituye aquí un objetivo fácil, que proporciona un agente Políticamente Correcto de conspiración, es decir, las grandes empresas tabaqueras, y, por consiguiente, disfraza la envidia del goce del Otro de presión aceptable contra las corporaciones. La ironía principal de todo esto no sólo es que los beneficios de las empresas tabaqueras todavía no se hayan visto afectados por las campañas y legislaciones antitabaco, sino que la mayor parte de los miles de millones de dólares que estas empresas han aceptado pagar irán destinados al complejo industrial médico-farmacéutico, que es el complejo industrial más fuerte de Estados Unidos, dos veces más fuerte que el malfamado complejo industrial militar.

En el espléndido capítulo II C («*Amarás* a tu prójimo») de *Las obras del amor*, Kierkegaard desarrolla la afirmación de que el prójimo ideal al que deberíamos amar es alguien muerto: el único buen prójimo es un prójimo muerto. Su línea argumentativa es sorprendentemente simple y consecuente: a diferencia de los poetas y los amantes, cuyo objeto de amor se distingue por su preferencia, por sus particulares cualidades excepcionales, «amar al prójimo significa igualdad»: «Renuncia a todas las distinciones para poder amar a tu prójimo»[68]. Sin embargo, sólo en la muerte desaparecen todas las distinciones: «La muerte borra todas las distinciones, pero la preferencia siempre se refiere a distinciones»[69]. Una consecuencia ulterior de este razonamiento es la distinción crucial entre dos perfecciones: la perfección del objeto de amor y la perfección del amor en sí mismo.

---

la pena de muerte– resulta en este caso mucho más honesta: «Sólo está bien oponerse a la pena de muerte cuando son los explotadores quienes la aplican contra la masa de los obreros con el propósito de sostener la explotación. Es muy poco probable que un gobierno revolucionario cualquiera pudiera prescindir de aplicar la pena de muerte a los explotadores (es decir, a los terratenientes y capitalistas)» (V. I. Lenin, *Collected Works*, cit., vol. 33, p. 417).

[66] Por encima de todo, la idea del peligro de «fumar pasivamente» forma sin duda parte del miedo postsida no sólo al contacto físico directo con otros, sino también a formas más etéreas de contacto (el intercambio «invisible» de fluidos, bacterias, virus…).

[67] Aquí el autor hace un juego de palabras intraducible al castellano con la expresión acuñada inglesa *smoking gun*, habitualmente empleada para designar el «arma del delito», las «pruebas del crimen», pero cuyo significado literal («cañón humeante») constituye una metáfora perfecta del cigarrillo. [*N. de la T.*]

[68] Søren KIERKEGAARD, *Works of Love*, Nueva York, Harper, 1994, p. 75 [ed. cast.: *Las obras del amor*, Madrid, Ediciones Guadarrama, 1965].

[69] *Ibid.*, p. 74.

El amor del amante, del poeta o del amigo contiene una perfección que pertenece a su objeto y, por esta misma razón, es un amor imperfecto; a diferencia de este amor,

> precisamente porque el prójimo no tiene ninguna de las excelencias que la persona amada, un amigo, una persona culta, alguien admirado y alguien singular y extraordinario tienen en sumo grado –por esa misma razón, el amor al prójimo contiene todas las perfecciones [...]. El amor erótico está determinado por su objeto; la amistad está determinada por el objeto; sólo el amor al prójimo está determinado por el amor. En la medida en que el prójimo es cada ser humano, incondicionalmente cada ser humano, todas las distinciones quedan de hecho suprimidas del objeto. Por lo tanto, el amor genuino se reconoce por esto, porque su objeto está desprovisto de cualquiera de las cualificaciones más claras de la diferencia, lo cual significa que este amor sólo se reconoce por el amor. ¿No es ésta la mayor perfección?[70]

Por expresarlo en términos kantianos: lo que Kierkegaard intenta articular en este capítulo son los contornos de un amor no patológico, de un amor que sería independiente de su objeto (contingente), un amor que (de nuevo, parafraseando la definición que hace Kant del deber moral) no está motivado por su objeto determinado, sino por la mera FORMA del amor: amor por el propio amor, no por lo que distingue a su objeto. La implicación de esta actitud es, pues, extraña, cuando no francamente morbosa: el amor perfecto es PROFUNDAMENTE INDIFERENTE HACIA EL OBJETO AMADO. No es de extrañar que Kierkegaard estuviera tan obsesionado con la figura de Don Juan: ¿no comparten el amor cristiano por el prójimo de Kierkegaard y las seducciones seriales de Don Juan esta misma indiferencia crucial hacia su objeto? Para Don Juan, la cualidad del objeto seducido tampoco importa: la cuestión fundamental de la larga lista de conquistas de Leporello, que las clasifica de acuerdo con sus características (edad, nacionalidad, rasgos físicos), es que estas características son indiferentes; lo único que importa es el puro hecho numérico de añadir un nuevo nombre a la lista. ¿No es Don Juan, en este preciso sentido, un seductor verdaderamente *cristiano*, puesto que sus conquistas son «puras», no patológicas en el sentido kantiano, hechas por el hecho de hacerlas, no por ninguna propiedad particular y contingente de sus objetos? El objeto de amor preferido del poeta también es una persona muerta (paradigmáticamente, la mujer amada): el poeta necesita su muerte para expresar su duelo en la poesía (o, como sucede en la poesía del amor cortés, eleva a una mujer viva directamente al *status* de Cosa monstruosa). Sin embargo, en contraste con la fijación del poeta en la singularidad del objeto amoroso muerto, el cristiano, por así decirlo, trata al prójimo todavía vivo como si estuviera ya muerto, borrando sus cualidades características. El prójimo

---

[70] *Ibid.*, pp. 77-78.

muerto significa: el prójimo desprovisto del irritante exceso de *jouissance* que le hace insoportable. Queda claro, pues, dónde hace trampas Kierkegaard: cuando intenta vendernos como acto de amor auténtico y difícil lo que en realidad es una huida del esfuerzo del amor auténtico. El amor por el prójimo muerto es un festín fácil: disfruta de su propia perfección, indiferente hacia su objeto. Y ¿y si no sólo «toleráramos», sino que amáramos al otro POR SU PROPIA IMPERFECCIÓN?

¿Realmente este amor por el prójimo muerto no es más que la idiosincrasia teológica de Kierkegaard? En una visita reciente a San Francisco, mientras escuchaba un CD de blues en el piso de un amigo, hice una observación muy poco acertada: «A juzgar por el color de su voz, no hay duda de que la cantante es negra. Qué raro que tenga entonces un nombre que suena tan alemán, Nina». Por supuesto, fui inmediatamente reprendido por mi incorrección política: no habría que asociar la identidad étnica de alguien con un rasgo físico o con un nombre, porque este tipo de cosas no hacen sino reforzar los clichés y prejuicios raciales. A mi consiguiente pregunta de cómo había que identificar entonces la pertenencia étnica, obtuve una respuesta clara y tajante: de ningún modo, a través de ningún rasgo particular, porque cualquier identificación semejante contiene un potencial opresor, al constreñir a la persona dentro de su identidad particular... ¿No constituye éste un ejemplo contemporáneo perfecto de lo que tenía Kierkegaard en la cabeza? Habría que amar a los prójimos (afroamericanos, en este caso) sólo en la medida en que se les prive implícitamente de todas sus características particulares: en definitiva, en la medida en que se les trate como si ya estuvieran muertos. ¿Y si los amásemos POR la cualidad marcada y melancólica única de sus voces, POR la extraordinaria combinatoria libidinal de sus nombres (el líder del movimiento antirracista de Francia de hace dos décadas se llamaba Harlem Desir!), es decir, POR la idiosincrasia de sus modos de *jouissance*?

El nombre de Lacan para esta «imperfección», para el obstáculo que ME HACE amar a alguien, es *objet petit à* [«objeto pequeño a»], el tic «patológico» que vuelve a una persona única. En el amor auténtico, amo al otro no sólo como alguien vivo, sino, sobre todo, por el propio exceso perturbador de la vida que hay en él/ella. Hasta la sabiduría popular es de algún modo consciente de esto: como dicen, hay algo frío en la belleza perfecta, uno la admira, pero de lo que se enamora es de una belleza IMPERFECTA, por esa misma imperfección. Para los estadounidenses, hay algo cuanto menos demasiado frío en la perfección de Claudia Schiffer: resulta en cierto sentido más fácil enamorarse de Cindy Crawford por su misma pequeña imperfección (el famoso lunar minúsculo que tiene junto al labio –su *objet petit à*)–[71]. Esta falla de Kierkegaard explica asimismo los problemas que surgen cuan-

---

[71] A propósito, Lacan evoca de manera directa el *status* de esa marca de imperfección significativamente denominada «marca de belleza» (el discreto lunar a un lado de un rostro, por lo demás perfecto, que altera ligeramente la simetría de la cara) como *objet petit à* en su seminario (inédito) sobre la ansiedad (en la clase de 22 de mayo de 1963).

do aplicamos la tríada kierkegaardiana de lo Estético, lo Ético y lo Religioso al terreno de las relaciones sexuales: ¿cuál es el modo religioso de la erótica, si su modo estético es la seducción y su modo ético el matrimonio?; ¿tiene algún sentido hablar de un modo religioso de la erótica en el sentido kierkegaardiano exacto del término? El argumento de Lacan es que éste es, precisamente, el papel del *amor cortés*: en el amor cortés, la dama suspende el plano ético de obligaciones simbólicas universales y nos bombardea con ordalías totalmente arbitrarias de un modo que resulta homólogo a la suspensión religiosa de la Ética; sus ordalías están en pie de igualdad con la orden que da Dios a Abraham de matar a su hijo Isaac. Y, en contra de la primera apariencia de que el sacrificio alcanza su apogeo en este marco, en verdad, sólo en él llegamos a enfrentarnos, por fin, al Otro en tanto que Cosa que da cuerpo al exceso de goce por encima del mero placer.

Exactamente al igual que el amor de Kierkegaard por el prójimo muerto, esta visión trágica del amor cortés no sólo es falsa, sino, en última instancia, incluso no cristiana. En *Vértigo*, de Hitchcock, una Judy de clase baja que, bajo la presión que ejerce Scottie y por el amor que siente por él, se esfuerza por parecerse y actuar como una fatal y etérea Madeleine de clase alta, resulta SER Madeleine: son la misma persona, ya que la «verdadera» Madeleine que Scottie conoció era ya una Madeleine falsa. Sin embargo, esta identidad entre Judy y Judy-Madeleine hace aún más patente la absoluta alteridad de Madeleine con respecto a Judy –la Madeleine que no está dada en ninguna parte, que sólo está presente bajo la apariencia de un «aura» etérea que envuelve a Judy-Madeleine–. En un gesto estrictamente homólogo, el cristianismo afirma que no hay NADA más allá de la apariencia, nada SALVO la imperceptible X que convierte a Cristo, ese hombre normal, en Dios. En la identidad ABSOLUTA entre el hombre y Dios, lo divino es el puro *Shein* [«brillo»] de otra dimensión que reluce a través de Cristo, esa criatura miserable. Sólo aquí se lleva verdaderamente la iconoclastia a su consumación: lo que está de hecho «más allá de la imagen» es esa X que hace de Cristo-hombre Dios. En este preciso sentido, el cristianismo invierte la sublimación judía, convirtiéndola en una desublimación radical: no desublimación en el sentido de simple reducción de Dios al hombre, sino desublimación en el sentido de descendimiento del Más Allá sublime al ámbito cotidiano. Cristo es un «Dios *ready-made*» (tal y como lo expresa Boris Groys), es humano por completo, indistinguible de manera inherente de otros humanos, exactamente del mismo modo que Judy es indistinguible de Madeleine en *Vértigo*; sólo «algo» imperceptible, una pura apariencia que no podrá nunca fundamentarse en una propiedad sustancial, le hace divino. Éste es el motivo por el que el amor obsesivo de Scottie por Madeleine en *Vértigo*, de Hitchcock, es una farsa: si su amor fuera verdadero, debería haber aceptado la identidad completa entre (la corriente y vulgar) Judy y (la sublime) Madeleine[72].

---

[72] Para un desarrollo más detallado de esta paradoja del amor, véase el capítulo 2 de Slavoj ŽIŽEK, *On Belief*, Londres, Routledge, 2001.

No obstante, hay una indiferencia que pertenece al verdadero amor: no la indiferencia hacia el objeto, sino la indiferencia hacia las propiedades positivas del objeto amado. Esta indiferencia del amor está estrechamente ligada a la del «significante vacío» lacaniano: desde luego que este significante nunca está, de hecho, «vacío» –un rey, por ejemplo, siempre aparece identificado con una serie de rasgos idiosincráticos personales que lo caracterizan–; sin embargo, nosotros, sus súbditos, somos en todo momento conscientes de que estos rasgos son, por completo, indiferentes y sustituibles, de que no son estos rasgos los que le hacen rey. La diferencia entre el significante «pleno» y el «vacío» no reside en la ausencia o presencia de rasgos positivos del objeto que éste designa, sino en el diferente *status simbólico* de estos rasgos: en el primer caso, estos rasgos constituyen una magnitud positiva (las propiedades del sujeto), mientras que, en el segundo, funcionan como magnitud negativa, es decir, su propia «presencia plena» es un sustituto –ocupa el lugar– del «vacío» del significante (del mandato simbólico) «Rey». «Plenitud» y «vacío» no se oponen, por consiguiente, de manera directa: el propio «vacío» del significante vacío se sostiene gracias a una plenitud «negativa» específica. Y lo mismo vale para el amor: decir «te amo porque... [tienes una nariz bonita, piernas atractivas]» es falso *a priori*. Con el amor, pasa lo mismo que con la fe religiosa: no te amo porque tus rasgos positivos me resulten atractivos, sino que, por el contrario, tus rasgos positivos me resultan atractivos porque te amo y, por lo tanto, te observo con una mirada amorosa. Por consiguiente, toda la «plenitud» de los rasgos positivos que adoro en la persona amada es un sustituto del «vacío» que en verdad amo y, aunque cada uno de esos rasgos fuera destruido, te seguiría amando.

¿Qué relación tiene todo esto con el sexo? En *Romance*, de Catherine Breillat, hay una escena fantasmática que representa perfectamente esa escisión radical entre amor y sexualidad: la heroína se imagina desnuda, tumbada sobre el vientre en una mesita baja dividida por la mitad por un tabique con un agujero justo del tamaño de su cuerpo. Con la parte superior de su cuerpo, se encuentra frente a un chico guapo y tierno con el que intercambia palabras y besos dulces y cariñosos, mientras que su parte inferior está expuesta a uno o más sementales, auténticas máquinas sexuales, que la penetran salvaje y repetidamente. Sin embargo, el verdadero milagro se produce cuando estas dos series *coinciden* por un momento, cuando el sexo se «transustancia» en un acto de amor. Hay cuatro formas de negar esta conjunción imposible/real de amor y goce sexual: 1) la celebración del amor «puro» asexual, como si el deseo sexual por la amada demostrase la inautenticidad del amor; 2) la afirmación contraria del sexo intenso como «lo único real», que reduce el amor a un mero señuelo imaginario; 3) la división de los dos aspectos, su asignación a dos personas diferentes: amar a la propia y dulce esposa (o a la dama idealizada e inaccesible), mientras se mantienen relaciones sexuales con una «vulgar» querida; 4) la falsa fusión inmediata de amor y sexo, de acuerdo con la cual el sexo intenso demuestra supuestamente que se «ama de verdad» a la propia pareja, como si, para probar que nuestro amor es un amor verdadero, cada acto sexual tuviera que ser el famoso «polvo del siglo». Estas cuatro actitudes son todas equivocadas, constituyen una huida para no tener que asumir la conjunción imposible/real de amor y sexo; un verdadero amor basta por sí mismo, torna el sexo irrelevante, pero, precisamente porque, «en esencia, no importa», podemos disfrutarlo sin ninguna presión del superego… Y, de manera inesperada, esto nos vuelve a llevar a Lenin: cuando, en 1916, la (en aquel momento ya ex) amante de Lenin, Inessa Armand, le escribió que hasta una pasión fugaz era más poética y limpia que los besos sin amor entre un hombre y una mujer, él contestó:

> Los besos sin amor entre vulgares cónyuges son inmundos. Estoy de acuerdo. Hay que contrastarlos […] ¿con qué? […] Parecería: con besos *con* amor. Pero tú los contrastas con «una pasión (¿por qué no amor?) fugaz (¿por qué fugaz?)»; y por lógica resulta como si los besos sin amor (fugaz) se contrastaran con los besos maritales sin amor […]. Es extraño[73].

Esta respuesta de Lenin suele desdeñarse como prueba de su cohibición sexual pequeñoburguesa, alimentada por la amarga memoria de su antigua aventura; sin embargo, hay algo más: la aguda percepción de que los «besos sin amor» maritales y la «aventura fugaz» extramarital son dos caras de la misma moneda: ambas esquivan la COMBINACIÓN entre lo Real de una unión apasionada e incondicional y la forma de su proclamación simbólica. Lenin tiene mucha razón aquí, aunque no en el habitual sentido remilgado de preferir un matrimonio «normal» y por amor a la promiscuidad ilícita. La intuición subyacente es que, contra todas las apariencias, el amor y el sexo no sólo son distintos, sino, en última instancia, *incompatibles*, operan en un plano absolutamente diferente, como *agape* y *eros*: el amor es benévolo, supresor del yo, avergonzado de sí, mientras que el sexo es intenso, asertivo del yo, posesivo, inherentemente *violento* (o lo contrario: amor posesivo *versus* indulgencia generosa en los placeres sexuales). Sin embargo, el verdadero milagro se produce cuando (de manera excepcional, no «por norma»), estas dos series *coinciden* por un momento, cuando el sexo se «transustancia» en un acto de amor: un logro que es real/imposible en el sentido lacaniano exacto y, como tal, está marcado por una *rareza* inherente. Hoy en día, es como si el nudo de tres niveles que caracterizaba la sexualidad tradicional (reproducción, placer sexual, amor) se estuviera disolviendo paulatinamente: la reproducción se deja en manos de los procedimientos biogenéticos, que están volviendo superfluo el acto sexual; el sexo en sí mismo se convierte en una diversión recreativa, mientras que el

---

[73] Citado en Robert SERVICE, *Lenin*, Londres, Macmillan, 2000, p. 232 [ed. cast.: *Lenin: una autobiografía*, Madrid, Siglo XXI, 2001].

amor se reduce al ámbito de la «satisfacción emocional»[74]. En una situación como ésta, resulta mucho más valioso que nos recuerden esos raros momentos milagrosos en los que dos de estas tres dimensiones todavía pueden coincidir parcialmente. Uno se siente casi tentado a parafrasear aquí aquella pregunta de Brecht: «¿Qué es el robo de un banco comparado con la fundación de un banco?»: ¿qué es un amorío extramarital comparado con un amorío que se declara públicamente en la forma del matrimonio?

---

[74] Esta idea de nudo está tomada de Ruediger SAFRANSKI, «Theorie über die Liebe oder Theorie aus Liebe?», intervención en el coloquio *Über die Liebe*, Schloss Elmau (Alemania), 15 de agosto de 2001. Y, a propósito, ¿no volvemos a toparnos aquí, una vez más, con la triada de RIS: lo Real de la reproducción biogenética, lo Imaginario de las experiencias placenteras intensas, lo Simbólico de las relaciones intersubjetivas?

VI La violencia redentora

En *Gasparone*, un tonto musical alemán de 1937, la joven Marika Rökk, cuando su padre la reprende por tratar con poca amabilidad a su rico y poderoso prometido, responde rápidamente: «¡Lo amo, así que tengo derecho a tratarlo como quiera!». Hay una verdad en esta afirmación: lejos de obligarme a ser «respetuoso» y «considerado» –todo señales de fría distancia–, el amor, en cierto sentido, me permite prescindir de estas consideraciones. ¿Significa esto que el amor me da una especie de *carte blanche*, que justifica todas las brutalidades? No, y en esto reside el milagro del amor: *el amor establece sus propios criterios*, de modo que, dentro de una relación amorosa, está claro de inmediato cuándo se trata de amor y cuándo de otra cosa (igual que sucede con los términos políticamente incorrectos, que cabe utilizar como prueba de que se es verdaderamente amigo de la persona concernida). Tal y como ya aprendimos del cristianismo, el amor verdadero y la violencia nunca son meramente exteriores entre sí: a veces, la violencia es la única prueba de amor. *El club de la lucha* (1999), de David Fincher, un extraordinario logro para Hollywood, aborda directamente este nudo de amor y violencia.

El héroe insomne de la película (interpretado con gran maestría por Edward Norton) sigue el consejo de su médico y, para descubrir lo que de verdad es el sufrimiento, empieza a visitar un grupo de apoyo de víctimas de cáncer de testículos. Sin embargo, pronto descubre que tal práctica de amor por el prójimo se basa en una posición subjetiva falsa (de compasión voyeurista) y en seguida empieza a tomar parte de un ejercicio mucho más radical. En un vuelo, conoce a Tyler (Brad Pitt), un joven carismático que le explica la infructuosidad de su vida, llena de fracasos y de cultura de consumo vacía, y le ofrece una solución: ¿por qué no luchar, golpeándose uno a otro hasta hacerse papilla? De manera paulatina, se va desarrollando todo un movimiento a partir de esta idea: se celebran combates de boxeo secretos en horas de cierre en los sótanos de los bares de todo el país. El movimiento se politiza con rapidez, organizando ataques terroristas contra grandes corporaciones... A mitad de la película, hay una escena casi dolorosamente insoportable, digna de los momentos más siniestros de David Lynch, que sirve como una especie de pista para el sorprendente giro final de la historia: para chantajear a su jefe y conseguir con ello que éste le pague por no trabajar, el narrador se tira de un lado a otro de la oficina del hombre, golpeándose hasta hacerse sangre antes de que llegue el personal de seguridad del edificio; por lo tanto, frente a su avergonzado jefe, el narrador interpreta contra su propio cuerpo la agresividad de los jefes hacia él. ¿Qué significan estos golpes contra uno mismo? En una primera aproximación, está claro que su desafío fundamental es llegar al verdadero Otro y restablecer la conexión con él, es decir, suspender la abstracción y frialdad fundamentales de la subjetividad capitalista, cuya mejor ilustración es la figura del individuo monádico y solitario que, a solas frente a la pantalla de su ordenador, se comunica con todo el mundo. A diferencia de la compasión humanitaria que nos permite mantener la distancia con respecto al otro, la propia violencia de la pelea señala la abolición de esta distancia. Aunque esta estrategia es arriesgada y ambigua (fácilmente puede recaer en una lógica machista protofascista de solidaridad masculina violenta), hay que asumir este riesgo: no hay ninguna otra vía directa de salida del cierre de la subjetividad capitalista. La primera lección de El club de la lucha es, por consiguiente, que no se puede pasar DIRECTAMENTE de la subjetividad capitalista a la revolucionaria: primero hay que romper la abstracción, la exclusión de los otros y la ceguera hacia el sufrimiento y el dolor de los otros en un gesto que corra el riesgo y se extienda directamente hacia el otro sufriente, un gesto que, en la medida en que hace pedazos el núcleo mismo de nuestra identidad, no puede sino presentarse como extremadamente violento. Sin embargo, hay otra dimensión en juego en los golpes contra UNO MISMO: la identificación escatológica (excremental) del sujeto, que equivale a adoptar la posición del proletario que no tiene nada que perder. El sujeto puro sólo surge a través de esta experiencia de autodegradación radical cuando dejo/hago que el otro me saque a golpes la mierda que llevo dentro, vaciándome de todo contenido sustancial, de todo soporte simbólico que pudiera conferirme un mínimo de dignidad. Por consiguiente, cuando Norton se golpea frente a su jefe, el mensaje que le está lanzando es el siguiente: «Sé que quieres pegarme, pero, como ves, tu deseo de pegarme es también mi deseo, así que, si me pegaras, estarías cumpliendo el papel de esclavo de mi perverso deseo masoquista. Pero eres demasiado cobarde para hacer vivir tu deseo, así que lo haré por ti: aquí lo tienes, lo que realmente querías. ¿Por qué te sientes tan avergonzado? ¿No estás preparado para aceptarlo?»[75]. En esta escena, resulta crucial el desfase entre fantasía y realidad: el jefe, evidentemente, nunca

---

[75] El único caso análogo es el de Yo, yo mismo e Irene, donde Jim Carrey se da a sí mismo una paliza, aquí, claro, de forma cómica (aunque penosamente exagerada), como una de las partes de una

hubiera pegado de verdad a Norton, sólo estaba fantaseando con hacerlo y el penoso efecto de los golpes que Norton se asesta contra sí mismo depende precisamente de que se trata de una escenificación del contenido de la fantasía secreta que su jefe nunca hubiera sido capaz de realizar.

Paradójicamente, una escenificación así constituye el primer acto de liberación: a través de ella, se saca a la luz del día la unión libidinal masoquista del esclavo con su amo y, de este modo, el esclavo consigue un mínimo de DISTANCIA con respecto a ésta. Ya en un plano puramente formal, cuando uno se pega a sí mismo, evidencia el simple hecho de que *el amo es superfluo*: «¿Quién te necesita para aterrorizarme? ¡Yo mismo lo puedo hacer!». Por lo tanto, sólo pegándoSE (haciéndose daño) primero, se hace uno libre: el verdadero objetivo de estos golpes que me inflijo es sacar a puñetazos aquello en mí que me une al amo. Cuando, hacia el final de la película, Norton se dispara (sobreviviendo al disparo, matando de hecho sólo al «Tyler dentro de sí», a su doble), se libera con ello también de la relación-reflejo dual de los golpes: en esta culminación de la autoagresión, su lógica se autocancela; Norton ya no tendrá que golpearse a sí mismo, ahora será capaz de golpear al verdadero enemigo (el sistema). Y da la casualidad que la misma estrategia se utiliza de vez en cuando en las manifestaciones políticas: cuando un cordón policial dispuesto a cargar detiene a una muchedumbre, el modo de producir una inversión sobrecogedora de la situación es que los individuos de la muchedumbre empiecen a golpearse unos a otros. En su ensayo sobre Sacher-Masoch[76], Gilles Deleuze desarrolla este aspecto en detalle: lejos de reportar ningún tipo de satisfacción al testigo sádico, la tortura que el masoquista se inflige a sí mismo frustra al sádico, privándole de su poder sobre el masoquista. El sadismo implica una relación de dominación, mientras que el masoquismo es el primer paso necesario hacia la liberación. Cuando estamos sometidos a un mecanismo de poder, este sometimiento siempre se halla sostenido, por definición, por una determinada catexis libidinal. Este sometimiento está encarnado en una red de prácticas corporales «materiales» y, por este motivo, no podemos librarnos de nuestro sometimiento por medio de la mera reflexión intelectual; nuestra liberación ha de escenificarse a través de algún tipo de representación corporal y, además, esta representación *tiene* que dotarse de una naturaleza aparentemente «masoquista», *tiene* que escenificar el

---

personalidad escindida que se abalanza sobre la otra. Sin embargo, hay una escena en *Harry, el Sucio*, de Don Siegel, que de algún modo anuncia los golpes autoinfligidos de *El club de la lucha*: el asesino en serie, con objeto de denunciar a Harry, el Sucio (el inspector Callahan, interpretado por Clint Eastwood) por brutalidad policial, contrata a un matón para que le haga la cara papilla; incluso cuando tiene ya la cara empapada en sangre, sigue pidiéndole: «¡Dame más fuerte!».

[76] Véase GILLES Deleuze, *Masochism and Coldness*, Nueva York, Zone Books, 1993 [ed. orig.: *Présentation de Sacher Masoch*, París, Éditions de Minuit, 1967; ed. cast.: *Presentación de Sacher-Masoch. Lo frío y lo cruel*, Buenos Aires, Amorrortu, 2001].

doloroso proceso de devolverse los golpes a uno mismo. ¿No adoptó Sylvia Plath la misma estrategia en su famoso poema «Daddy» [«Papá»]?

> Lo que [Sylvia Plath] hace en el poema, con un extraño distanciamiento, es volver la violencia contra sí misma para demostrar que puede igualar a sus opresores con su opresión autoinfligida. Y ésta es la estrategia de los campos de concentración. Cuando el sufrimiento está ahí hagas lo que hagas, al infligírtelo a ti mismo, realizas tu identidad, te liberas[77].

Esto resuelve también el problema de la referencia de Plath al holocausto, es decir, el reproche que le hacen algunos de sus críticos de que su ecuación implícita entre la opresión a la que su padre la sometió y lo que los nazis hicieron a los judíos es una exageración inadmisible: lo que importa no es la magnitud (obviamente incomparable) del crimen, sino el hecho de que Plath se ve obligada a adoptar la estrategia de los campos de concentración de volver la violencia contra ella misma como único mecanismo de liberación psíquica. Por este motivo, resulta asimismo demasiado simplista desdeñar su actitud histérica y profundamente ambigua hacia su padre (el horror ante su presencia opresora y, al mismo tiempo, su evidente fascinación libidinal por él: «Toda mujer adora a un fascista, la bota en la cara…»): no hay modo de deshacer este nudo histérico[78] de la catexis libidinal de la propia victimización. Es decir, no se puede contraponer la conciencia «redentora» de estar oprimido al goce «patológico» que el sujeto histérico obtiene de esta misma opresión, interpretando su conjunción como resultado de la «liberación de la dominación patriarcal como proyecto inacabado» (por parafrasear a Habermas), es decir, como índice de la escisión entre la «buena» conciencia feminista del sometimiento y la persistente economía libidinal patriarcal que encadena a la histérica al patriarcado, convirtiendo su subordinación en una *servitude volontaire* [«servidumbre voluntaria»]. Si así fuera, entonces la solución sería sencilla: habría que ejecutar lo que, a propósito de Proudhon, Marx caracterizó como el procedimiento pequeñoburgués ejemplar, que consiste en distinguir en cada fenómeno un aspecto «bueno» y otro «malo» y, a continuación, afirmar el bueno y librarse del malo: en nuestro caso, luchar por mantener el aspecto «bueno» (conciencia de la opresión) y rechazar el malo (encontrar placer en la opresión). La razón por la que este modo de «deshacer el nudo» no funciona tiene que ver con el hecho de que *la única conciencia verdadera de nuestro sometimiento es la conciencia del obsceno placer excesivo (el excedente de goce) que obtenemos de él*, lo cual explica, a su vez, que el primer gesto de liberación no sea librarse de

---

[77] Citado en Claire BRENNAN, *The Poetry of Sylvia Plath*, Cambridge, Icon Books, 2000, p. 22.

[78] Tomo este término del estudio sobre la histeria de Elisabeth BRONFEN, *The Knotted Subject [El sujeto anudado]*, Nueva York, Columbia University Press, 2000.

este placer excesivo, sino asumirlo de forma activa, que es exactamente lo que hace el héroe de *El club de la lucha*. Si, siguiendo a Fanon, definimos la violencia política no como algo opuesto al trabajo, sino, precisamente, como la versión política extrema del «trabajo de la negatividad», del proceso hegeliano de *Bildung*, de la autoformación educativa, entonces la violencia debería concebirse, ante todo, como violencia contra sí, como re-forma violenta de la sustancia misma del ser del sujeto: ahí radica la lección de *El club de la lucha*.

En su *Autobiografía*, Bertrand Russel cuenta cómo intentó ayudar a T. S. Eliot y a su mujer Vivien en sus problemas maritales «hasta que descubrí que de lo que disfrutaban era de sus problemas»[79]; en pocas palabras, hasta que descubrió que disfrutaban de su síntoma... ¿Cómo podemos, entonces, trazar una nítida línea de separación entre esta violencia redentora y la escena brutal que no hace sino confirmar nuestro entrampamiento? En una lectura extraordinaria de las «Tesis sobre la filosofía de la historia», de Walter Benjamin[80], Eric Santner desarrolla la idea de Walter Benjamin de que una intervención revolucionaria presente repite/redime los intentos fallidos pasados: los «síntomas» –vestigios pasados que quedan redimidos retroactivamente a través del «milagro» de la intervención revolucionaria– «no [son] tanto acciones olvidadas como *incapacidades* olvidadas para actuar, incapacidades para *suspender* la fuerza del lazo social que inhibe actos de solidaridad con los "otros" de la sociedad»:

> Los síntomas no sólo registran pasados intentos revolucionarios fallidos, sino, sobre todo, más modestamente, pasadas *incapacidades para responder* a llamadas a la acción o, incluso, a la empatía por aquellos cuyo sufrimiento pertenece, en cierto sentido, a la forma de vida de la que somos parte. Ocupan el lugar de algo que está *ahí*, que *insiste* en nuestra vida, aunque nunca haya alcanzado una consistencia ontológica plena. Los síntomas son, pues, en cierto sentido, los archivos virtuales de los *vacíos* –o, quizá, mejor, las defensas contra los vacíos– que persisten en la experiencia histórica.

Santner especifica que estos síntomas pueden tomar asimismo la forma de perturbaciones de la vida social «normal», como las participaciones en los rituales obscenos de la ideología imperante. ¿No fue la infame *Kristallnacht* de 1938 –aquella explosión medio organizada, medio espontánea, de ataques violentos contra los hogares, las sinagogas, los negocios y las propias personas judías– un «carnaval» bajtiniano donde los haya? Habría

---

[79] Bertrand RUSSEL, *The Autobiography of Bertrand Russel*, Londres, Routledge, 2000, p. 295.

[80] Eric SANTNER, «Miracles Happen: Benjamin, Rosenzweig, and the Limits of the Enlightenment» (ensayo inédito, 2001), que contiene una crítica (plenamente justificada) de mi propia lectura de las «Tesis» en Slavoj ŽIŽEK, *The Sublime Object of Ideology*, Londres, Verso, 1989 [ed. cast.: *El sublime objeto de la ideología*, México DF, Siglo XXI, 2002].

que leer esta *Kristallnacht* precisamente como un «síntoma»: la ira furiosa de una explosión tal de violencia la convierte en un síntoma; la formación defensiva tapa el vacío dejado por la incapacidad para intervenir de hecho en la crisis social. En otras palabras, la propia ira de los progromos antisemitas constituye una prueba *a contrario* de la posibilidad de una revolución proletaria auténtica: sólo se puede leer su energía excesiva como reacción a la conciencia («inconsciente») de la oportunidad revolucionaria perdida. ¿Y la causa fundamental de la *Ostalgie*[81] (nostalgia del pasado comunista) entre muchos intelectuales (e incluso «gente corriente») de la extinta República Democrática Alemana no es también la añoranza, no tanto del pasado comunista, de lo que de hecho ocurrió bajo el comunismo, sino, más bien, de lo que PODÍA HABER SUCEDIDO allí, de la oportunidad perdida de otra Alemania? Por consiguiente, ¿no son asimismo los estallidos poscomunistas de violencia neonazi una prueba negativa de la presencia de estas ocasiones emancipadoras, una explosión sintomática de ira que expresa la conciencia de las oportunidades perdidas? No habría que tener miedo a trazar un paralelismo con la vida psíquica individual: del mismo modo que la conciencia de una oportunidad «privada» perdida (pongamos, la oportunidad de involucrarse en una relación amorosa satisfactoria) con frecuencia deja su rastro bajo la forma de ansiedades, dolores de cabeza y ataques de cólera «irracionales», el vacío de la ocasión revolucionaria perdida puede explotar en ataques «irracionales» de ira destructora…

Así pues, volviendo a *El club de la lucha*, ¿no es la propia idea del «club de la lucha», los encuentros nocturnos de hombres que juegan a pegarse unos a otros, el propio modelo de esta misma transgresión/excitación falsa de la que venimos hablando, del *passage a l'acte* [«paso a la acción»] impotente que da fe de la incapacidad para intervenir de hecho en el cuerpo social? ¿No pone en escena *El club de la lucha* un caso ejemplar de *transgresión inherente*: lejos de socavar de verdad el sistema capitalista, representa la obscena cara subterránea del sujeto capitalista «normal»? Diken y Laustsen desarrollan en detalle este aspecto en su extraordinario «Enjoy your fight!» [«Disfruten de su lucha»], el análisis más representativo de *El club de la lucha*[82]:

> El sujeto normalizado y respetuoso de la ley se ve asediado por un doble espectral, por un sujeto que materializa la voluntad de transgredir la ley obteniendo con ello un goce perverso [...]. Por lo tanto, *El club de la lucha* difícilmente es una respuesta «antiinstitucional» al capitalismo contemporáneo, del mismo modo que la creatividad, la perversión

---

[81] Neologismo no exento de ironía, formado por las palabras alemanas *Nostalgie* y *Ost* [«este»], y que viene a expresar un cierto sentimiento de añoranza de los regímenes del socialismo real por parte de algunos sectores de la población, sobre todo en el este de la actual Alemania. *[N. de la T.]*

[82] Bulent DIKEN y Carsten Bagge LAUSTSEN, «Enjoy your fight! –"Fight club" as a symptom of the Network Society» (manuscrito inédito).

o la transgresión no son hoy en día necesariamente emancipadoras […]. Más que una acción política, *El club de la lucha* parece ser, pues, una experiencia subjetiva parecida a un trance, una especie de actividad carnavalesca seudobajtiniana en la que el ritmo de la vida cotidiana sólo se suspende de manera temporal […]. El problema de *El club de la lucha* es que cae en la trampa de presentar su problemática, la violencia, desde una distancia cínica. *El club de la lucha* es, qué duda cabe, extremadamente reflexiva e irónica. Podría llegar a decirse que es una ironía sobre el fascismo.

El fundamento último de esta ironía reside en el hecho de que, conforme a la mercificación global del capitalismo tardío, *El club de la lucha* ofrece el propio intento de hacer estallar el universo de las mercancías como una «mercancía experiencial»: en lugar de una práctica política concreta, tenemos una explosión estética de violencia. Además, siguiendo a Deleuze, Diken y Laustsen localizan dos peligros en *El club de la lucha* que invalidan su impulso subversivo: en primer lugar, está la tendencia de llevar al extremo el espectáculo de la (auto)destrucción extática –la política revolucionaria queda borrada en una orgía esteticista despolitizada de aniquilación–; en segundo lugar, la explosión revolucionaria «desterritorializa, molculariza, pero sólo con el fin de detener la desterritorialización, de inventar nuevas territorializaciones»: «Pese al inicio desterritorializante, *El club de la lucha* acaba transformándose en una organización fascista con un nuevo nombre: el Proyecto Mayhem. La violencia se vuelve ahora hacia el exterior, culminando en un plan de terror "organizado" para socavar los cimientos de la sociedad consumista». Estos dos peligros son complementarios, dado que «la regresión a lo indiferenciado o la completa desorganización son tan peligrosas como la trascendencia y la organización».

¿Está realmente la solución en la «justa medida» entre ambos extremos, ni la nueva Organización ni la regresión a la violencia indiferenciada? Lo que habría que poner en duda aquí es más bien la propia contraposición entre desterritorialización y reterritorialización, es decir, la idea deleuziana de la tensión irreductible entre la «buena» colectividad esquizofrénico-molecular y la «mala» colectividad paranoico-molar: molar/rígido frente a molecular/flexible; *flujos* rizomáticos, con su segmentariedad molecular (basada en mutaciones, desterritorialización, conexiones y aceleraciones), frente a *clases* o *sólidos*, con su segmentariedad rígida (organización binaria, resonancia, sobrecodificación)…[83]. Esta contraposición (una variación de la vieja tesis de Sartre, desde su *Crítica de la razón dialéctica*, sobre la inversión de la *praxis* de la auténtica dialéctica de grupo en una lógica «práctico-inerte» de institución alienada; y no olvidemos que

---

[83] La explicación más sistemática de estos dos planos se encuentra en Gilles DELEUZE y Felix GUATTARI, *Mil mesetas. Capitalismo y esquizofrenia*, Valencia, Pre-Textos, 1997 [ed. orig.: *Mille plateaux*, París, Éditions de Minuit, 1980].

Deleuze mismo hace con frecuencia referencia directa a Sartre) es una universalización falsa («abstracta»), en la medida en que no deja espacio para articular la distinción crucial entre las dos lógicas diferentes de la propia conexión entre micro- y macro-, local y global: el Estado «paranoico» que «reterritorializa» la explosión esquizofrénica de la multitud molecular no es el único marco imaginable de la organización social colectiva global; el *partido revolucionario* leninista da cuerpo (o, más bien, anuncia) una lógica de la colectividad totalmente distinta. (Lo que subyace a esta contraposición es, por supuesto, la desconfianza profundamente antileninista de Deleuze frente a cualquier forma de Organización global sólida.)

Tal y como ya Deleuze vio claro, no se puede suministrar por adelantado un criterio inequívoco que nos permita demarcar el estallido de violencia «falso» del «milagro» de la auténtica ruptura revolucionaria. La ambigüedad es en este caso irreductible, puesto que el «milagro» sólo puede darse a través de la repetición de fracasos anteriores. Y éste es también el motivo de que la violencia sea un ingrediente necesario de cualquier acción política revolucionaria. Es decir, ¿cuál es el criterio para una acción política en sentido estricto? No hay duda de que el éxito como tal no cuenta, aunque lo definamos en el sentido dialéctico de Merleau-Ponty, como apuesta de que el futuro redimirá retroactivamente nuestras horribles acciones del presente (así es como Merleau-Ponty proporciona en su *Humanismo y terror* una de las justificaciones más inteligentes del terror estalinista: retroactivamente, quedará justificado si su resultado final es la verdadera libertad)[84]; tampoco sirve la referencia a unas normas éticas abstractas-universales. El único criterio es aquel absolutamente INHERENTE: el de la UTOPÍA EN ACTO. En una verdadera ruptura revolucionaria, el futuro utópico ni está sin más plenamente realizado, presente, ni se evoca meramente como una promesa distante que justifica la violencia actual; es más bien como si, en una suspensión única de la temporalidad, en el cortocircuito entre presente y futuro, se nos permitiera –como por gracia divina–, por un breve lapso de tiempo, actuar COMO SI el futuro utópico estuviera (todavía no del todo presente, pero) ya al alcance de la mano, ahí, sin más, listo para ser aferrado. La revolución no se vive como una miseria presente que tenemos que soportar para la felicidad y la libertad de las generaciones futuras, sino como una miseria presente sobre la que esas felicidad y libertad futuras ya proyectan su sombra: en ella, YA SOMOS LIBRES MIENTRAS LUCHAMOS POR LA LIBERTAD, YA SOMOS FELICES MIENTRAS LUCHAMOS POR LA FELICIDAD, no importa cuán difíciles sean las circunstancias. La revolución no es una apuesta merleau-pontiana, una acción suspendida en el *futur antérieur* [«futuro anterior»], que se verá legitimada o deslegitimada por el resultado a largo plazo de las acciones presentes; es, por así decirlo, SU PROPIA PRUEBA ONTOLÓGICA, un índice inmediato de su propia verdad.

---

[84] Véase Maurice MERLEAU-PONTY, *Humanismo y terror*, Buenos Aires, Ediciones Leviatán, 1956.

Recordemos la representación escenificada del «Asalto al Palacio de Invierno» en Petrogrado, en el tercer aniversario de la Revolución de Octubre, el 7 de noviembre de 1920. Decenas de miles de trabajadores, soldados, estudiantes y artistas trabajaban las veinticuatro horas del día, alimentándose de *kasha* (una insípida papilla de trigo cocido), té y manzanas congeladas y preparando la representación en el mismo lugar en el que «se desarrollaron realmente» los acontecimientos tres años antes; su trabajo estaba coordinado por oficiales del Ejército, así como por artistas, músicos y directores de vanguardia, desde Malevich hasta Meyerhold. Aunque se trataba de una actuación y no de la «realidad», los soldados y marineros estaban representándose a sí mismos, ya que muchos de ellos no sólo habían participado de verdad en los acontecimientos de 1917, sino que estaban a su vez involucrados en las batallas reales de la guerra civil que proseguía encarnizadamente en las inmediatas proximidades de Petrogrado, una ciudad en estado de sitio y que sufría una grave escasez de alimentos. Un contemporáneo comentó con respecto a la representación: «El historiador del futuro hará constar que, desde el principio hasta el final de una de las revoluciones más cruentas y brutales, toda Rusia estaba actuando»[85]; y el teórico formalista Viktor Shklovski señaló que «se está produciendo algún tipo de proceso elemental en el que el tejido vivo de la vida se está haciendo teatral»[86]. Todos recordamos los infames desfiles autocelebrativos del Primero de Mayo que constituían una de las mayores señales de reconocimiento de los regímenes estalinistas. Si hace falta una prueba de que el leninismo funcionaba de un modo completamente distinto, ¿no son estas representaciones la máxima prueba de que la Revolución de Octubre decididamente no era un simple golpe de Estado llevado a cabo por un pequeño grupo de bolcheviques, sino un acontecimiento que desató un tremendo potencial emancipador?

La escena cinematográfica eisensteiniana arquetípica que reproduce la orgía exuberante de violencia destructora revolucionaria (lo que el propio Eisenstein llamaba «una auténtica bacanal de destrucción») pertenece a la misma serie: cuando, en *Octubre*, los revolucionarios victoriosos se introducen en las bodegas del Palacio de Invierno, se dejan llevar por la orgía extática de hacer pedazos las caras botellas de vino; en *El prado de Bezhin*, después de que los pioneros del pueblo descubren el cuerpo del joven Pavlik, brutalmente asesinado por su propio padre, entran a la fuerza en la iglesia local y la profanan, robando las reliquias, peleándose por un icono, probándose de forma sacrílega vestiduras, riéndose heréticamente de las estatuas… En esta suspensión de la actividad instrumental dirigida a un fin, hallamos, de hecho, una especie de «gasto desenfrenado» batailleano: el pío deseo de despojar la revolución de este exceso no es más que el deseo de tener una revolución sin revolución. Sobre este trasfondo habría que abordar

---

[85] Citado en Susan BUCK-MORSS, *Dreamworld and Catastrophe*, Cambridge, Mass., The MIT Press., 2000, p. 144.

[86] Citado en *ibid.*

la delicada cuestión de la violencia revolucionaria, que constituye un auténtico acto de liberación y no un mero y ciego *passage a l'acte*[87].

¿Y no encontramos exactamente la misma escena en la Gran Revolución Cultural de China, con los miles de guardias rojas destrozando con éxtasis los viejos monumentos históricos, haciendo pedazos antiguos jarrones, profanando antiguas pinturas y derribando alegremente antiguos muros?[88] Pese (o, más bien, *debido*) a todos sus horrores, la Gran Revolución Cultural contenía sin duda elementos de una utopía en acto como la que evocamos. Durante sus últimos coletazos, antes de que el propio Mao parara la agitación (puesto que ya había logrado su objetivo de restablecer un poder propio absoluto y librarse de la competencia de la alta *nomenklatura*), tuvo lugar la «Comuna de Shangai»: un millón de trabajadores que, sencillamente, se tomó los eslóganes oficiales en serio y pasó a exigir la abolición del Estado e incluso del propio partido y la organización comunal directa de la sociedad. Resulta significativo que fuese en este preciso momento cuando Mao dictaminara la restauración del orden. He aquí la paradoja de un dirigente que desencadena un proceso de agitación descontrolado, mientras intenta ejercer un poder personal total: la superposición de una dictadura extrema con una emancipación extrema de las masas.

En relación con el terror político cabe situar la brecha que separa la época de Lenin del estalinismo[89]: en tiempos de Lenin, el terror se admitía abiertamente (en ocasiones, Trotsky llegó a jactarse, de un modo casi petulante, de la índole no democrática del régi-

---

[87] Con respecto a este tema, la figura decisiva del cine soviético no es Eisenstein, sino Alexander Medvedkin, a quien Chris Marker bautizó apropiadamente como «el último bolchevique» (véase el extraordinario documental de Marker, *Le Tombeau d'Alexandre [The Last Bolshevik]*, de 1992). Mientras apoyó de manera incondicional la política oficial, incluida la colectivización forzosa, Medvedkin rodó películas que representaban este apoyo de un modo que conservaba el impulso revolucionario utópico-subversivo y lúdico inicial; por ejemplo, en su película *La felicidad*, de 1933, para combatir la religión, muestra a un cura que imagina ver los pechos de una monja a través de su hábito: una escena inaudita para el cine soviético de la década de los treinta. Medvedkin disfruta, por lo tanto, del excepcional privilegio de ser un cineasta comunista de ortodoxia entusiasta cuyas películas fueron prohibidas en su TOTALIDAD o, como mínimo, duramente censuradas.

[88] Aunque también es posible sostener que esta violencia FUE de hecho un *passage a l'acte* impotente: un estallido que puso de manifiesto la incapacidad para romper con el peso de la tradición simbólica anterior. Para librarse de verdad del pasado, no hace falta hacer físicamente pedazos los monumentos: convertirlos en una parte de la industria turística resulta mucho más eficaz. ¿No es esto lo que están descubriendo con dolor los tibetanos en la actualidad? La verdadera destrucción de su cultura no se producirá a través de la destrucción china de sus monumentos, sino de la proliferación de parques temáticos budistas en el centro de Lhasa.

[89] Uno se siente tentado a cuestionar el propio término «leninismo»: ¿no se inventó con Stalin? Y ¿no se puede decir lo mismo del marxismo (como doctrina), que fue básicamente una invención leninista, de tal suerte que el marxismo constituye una noción leninista y el leninismo una noción estalinista?

men bolchevique y del terror que empleaba), mientras que, en tiempos de Stalin, el *status* simbólico del terror cambió por completo: el terror se convirtió en un suplemento tenebroso y obsceno, no reconocido públicamente, del discurso público oficial. Resulta significativo que el apogeo del terror (1936-1937) se produjera después de la aceptación de la nueva Constitución en 1935: se suponía que esta Constitución ponía fin al estado de excepción y señalaba la vuelta de las cosas a la normalidad; se retiró la suspensión de los derechos civiles de todos los estratos de la población (*kulaks*, ex capitalistas), el derecho a voto se hizo universal, etc. La idea clave de esta constitución era que ahora, después de la estabilización del orden socialista y de la aniquilación de las clases enemigas, la Unión Soviética ya no era una sociedad de clases: el sujeto del Estado ya no era la clase trabajadora (obreros y campesinos), sino el pueblo. Sin embargo, esto NO significa que la Constitución estalinista fuese una simple hipocresía que ocultaba la realidad social, ya que la posibilidad del terror aparecía inscrita en su propio corazón: en la medida en que se proclamaba que la guerra de clases había terminado ya y se concibía la Unión Soviética como el país sin clases del Pueblo, los que (era todavía de suponer que) se oponían al régimen ya no eran meros enemigos de clase en un conflicto que desgarraba el cuerpo social, sino enemigos del Pueblo, insectos, escoria despreciable que había que excluir de la propia humanidad.

Esta represión del propio exceso del régimen era el estricto correlato de la invención del individuo psicológico liberal que tuvo lugar en la Unión Soviética a finales de la década de los veinte y principios de los treinta. El arte de vanguardia ruso de principios de los veinte (futurismo, constructivismo) no sólo había apoyado con entusiasmo la industrialización, sino que incluso se había esforzado por reinventar un nuevo hombre industrial: ya no el viejo hombre de pasiones sentimentales y raíces en las tradiciones, sino el hombre nuevo que acepta de buena gana su papel como perno o tornillo de una gigantesca Máquina industrial coordinada. Como tal, era subversivo en su propia «ultraortodoxia», es decir, en su sobreidentificación con el corazón de la ideología oficial: la imagen del hombre que encontramos en Eisenstein, Meyerhold, los cuadros constructivistas, etc., enfatiza la belleza de sus movimientos mecánicos, su absoluta despsicologización. Lo que en Occidente se percibía como la peor pesadilla del individualismo liberal, como el contrapunto ideológico de la «taylorización», del trabajo fordista en la cadena de montaje, se aclamaba en Rusia como perspectiva *utópica* de liberación: recuerden cómo Meyerhold impuso radicalmente el enfoque «conductivista» en el arte actoral –ya no la familiarización empática con la persona que el actor está interpretando, sino el entrenamiento corporal implacable dirigido a la fría disciplina corporal, al desarrollo de la habilidad del actor para realizar la serie de movimientos mecanizados...–[90]. Lo que los artistas de vanguardia

---

[90] Véanse los capítulos 2 y 3 del extraordinario libro de Susan Buck-Morss, *Dreamworld and Catastrophe*, cit.

rusos habían estado haciendo con todo ello no era sino extraer las consecuencias de la propia celebración por parte de Lenin de la «taylorización» como nuevo modo científico de organización de la producción. ESTO es lo que resultaba insoportable para la ideología estalinista oficial y lo que, a su vez, estaba inscrito EN SU SENO, de modo que el «realismo socialista» estalinista FUE, en realidad, un intento de reafirmar un «socialismo de rostro humano», es decir, de reinscribir el proceso de industrialización dentro de las restricciones del individuo psicológico tradicional: en los textos, cuadros y películas del realismo socialista, los individuos ya no se presentan como partes de la Máquina global, sino como personas apasionadas y cálidas.

VII
Contra la política pura

La forma más elemental de violencia simbólica es, por supuesto, la de la elección forzada: «Eres libre de elegir, siempre que hagas la elección correcta!». Cuando nos vemos metidos en semejante lío, ¿nos queda acaso otro gesto subversivo que *anunciar* públicamente la prohibición no escrita que interrumpe lo que Hegel habría denominado la «apariencia esencial» de la libre elección? No obstante, la situación es más compleja: a veces, la subversión primordial consiste irónicamente en hacer referencia a la elección forzada como si fuera una libre elección. Recuerdo que, cuando yo era joven, un periódico estudiantil les hizo una jugarreta a los comunistas que estaban en el poder. Las elecciones en Yugoslavia eran prácticamente lo mismo que en otros países comunistas: por regla general, el Partido (o, para ser más exactos, su organización política de masas que hacía las veces de paraguas, que ostentaba el desagradable nombre de Alianza Socialista del Pueblo Trabajador) obtenía (ya que no la pauta estalinista del 99,9 por 100 de los votos, sino) alrededor del 90 por 100 de los votos. De esta suerte, en la misma noche del día de las elecciones se publicó una edición especial de este periódico estudiantil en el que en grandes titulares podían leerse estas «últimas noticias»: «¡Aunque los resultados finales todavía no se conocen, nuestros enviados han podido saber de fuentes confidenciales cercanas a la comisión electoral que la Alianza Socialista se dispone a conseguir otra victoria! electoral!»[91]. No hace falta añadir que el periódico fue secuestrado inmediatamente y su consejo editorial expulsado. ¿Qué mal habían hecho? Cuando el redactor-jefe protestó por el secuestro, preguntó ingenua-

---

[91] En la década de los ochenta del siglo XIX, el diario francés *Libération* hizo la misma broma publicando en grandes titulares el día después de las elecciones en la URSS: «¡Tras su triunfo electoral, los comunistas seguirán en el poder en la URSS!».

mente a los *apparatchik* del partido: «¿Qué problema hay? ¿Resulta entonces que las elecciones han sido una farsa y que los resultados se conocían de antemano?». La respuesta del *apparatchik*, evasivamente agresiva, no deja de ser interesante, ya que aludía directamente al pacto social tácito: «¡Ya está bien de bromas! ¡Sabéis perfectamente lo que habéis hecho!». Así pues, no sólo se trata de mantener, contra la realidad de la elección forzada, la apariencia de la libre elección; *esta apariencia, por su parte, no debe recalcarse demasiado estrepitosamente*, ya que, de resultas de su manifiesta disonancia con lo que todo el mundo sabe, es decir, que en realidad las elecciones no son libres, no puede más que producir un efecto cómico... Por consiguiente, toda vez que ambas versiones están prohibidas (uno no puede expresar claramente la prohibición, pero tampoco puede declarar directamente el carácter de suyo aparente de la libre elección), la única posición que queda consiste en ignorar la cuestión, como si se tratara de un fastidioso secreto a voces: «Todo el mundo sabe que la apariencia de la libre elección es una farsa, así que no hablemos demasiado de ello ¡y sigamos con el negocio!».

Así pues, ¿es acaso uno de los rasgos básicos de la democracia la transformación de la elección forzada en una verdadera libre elección, la transformación del enemigo (político) en un adversario, del antagonismo incondicional en una rivalidad agonística? Un adversario no representa una amenaza mortal para el poder, ya que el lugar de éste está vacío originariamente, un lugar para cuya ocupación (temporal) es lícito que compitan diferentes agentes[92]. Sin embargo, cuando se oye hablar de la necesidad de la suspender la lógica de la exclusión o de la excomunión en el campo de la política, se debe tener siempre presente que el florecimiento agonístico de una multitud de adversarios, ya que no enemigos, tiene que descansar, por definición, en algún PACTO simbólico (explícito o implícito) que define las reglas de esa rivalidad agonística. Por esta sencilla razón, por más extenso que sea el campo de esta rivalidad agonística, la traducción del antagonismo en agonismo, del enemigo en adversario, nunca puede ser completa, ya que siempre quedará algún «resto indivisible» formado por aquellos que no reconocen este pacto. Asimismo, ¿no son los términos en los que TENEMOS que definir esta exclusión necesariamente ético-legalistas?

De esto se desprende que la lucha política crucial no es tanto la rivalidad agonística dentro del campo de lo admisible, de los sujetos políticos que se reconocen mutuamente como adversarios legítimos, sino por el contrario la lucha por la delimitación de este campo, por la definición de la línea que separa al adversario legítimo del enemigo ilegítimo. En el caso de la democracia liberal normal, esto implica la excomunión de la extrema derecha (fascista) y de la extrema izquierda (terrorista o comunista): no cabe ningún pacto con ellos, y las coaliciones están descartadas. ¿Por qué la estrategia de la izquier-

---

[92] Este argumento ha sido desarrollado vigorosamente por Chantal MOUFFE, *Democratic Paradox*, Londres, Verso 1999.

da no habría de consistir en imponer una exclusión aún más radical? ¿No gira acaso con frecuencia la lucha entre la izquierda y la derecha en torno a la inclusión de la extrema derecha, aceptando la derecha su inclusión e insistiendo la izquierda en su exclusión (Haider en Austria, la neofascista Alleanza Nazionale en Italia, etc.)? ¿Por qué no, en vez de limitarse a condenar *tout court* [«sin paliativos»] la introducción de categorías moralistas y legalistas en la lucha política en sentido estricto, se opta por AMPLIAR su ámbito de aplicación, por censurar a la extrema derecha como el mal en sentido ético, como un paria que ha de ser rechazado? En definitiva, ¿por qué no RATIFICAR la politización de la ética, entendiendo por ello la abolición de la distancia entre ambas, la transformación del terreno legal y moral en otro campo de batalla por la hegemonía política, el recurso directo a argumentos y medidas ético/legales para desacreditar al enemigo?

¿No coqueteamos, pues, con cierto tipo de «extremismo» peligroso, que es precisamente uno de los reproches habituales que se dirigen contra Lenin? La crítica de Lenin contenida en su texto *El izquierdismo, enfermedad infantil del comunismo* ha cobrado mayor actualidad durante las últimas décadas, en las que la izquierda ha sucumbido con frecuencia a la tentación terrorista. El «extremismo» político o el «radicalismo excesivo» deben leerse siempre como un fenómeno ideológico-político de *desplazamiento*: como un índice de su contrario, de una limitación, de un rechazo de «ir hasta el final». ¿Qué supuso el recurso al «terror» radical por parte de los jacobinos sino un tipo de comportamiento histérico ante su incapacidad de perturbar los verdaderos fundamentos (propiedad privada, etc.) del orden económico? Y ¿no sucede lo mismo con los denominados «excesos» de lo políticamente correcto? ¿No evidencian la opción de no perturbar las causas reales (económicas, etc.) del racismo y del sexismo? Quizás ha llegado el momento, por lo tanto, de problematizar las coordenadas de referencia predominantes, compartidas prácticamente por todos los izquierdistas «posmodernos», en virtud de las cuales el «totalitarismo» político está generado de algún modo por el predominio de la producción material y de la tecnología sobre la comunicación intersubjetiva y/o la práctica simbólica, como si la raíz del terror político residiera en el hecho de que el «principio» de la razón instrumental, de la explotación tecnológica de la naturaleza, se hubiera extendido a la sociedad de modo que las personas serían tratadas como materia prima que ha de ser transformada en el Hombre Nuevo? ¿Qué sucedería si el «terror» político señalase precisamente que se está negando su autonomía a la esfera de la producción (material) y se está subordinando ésta a la lógica política? ¿No presupone todo terror político, de los jacobinos a la Revolución Cultural maoísta, la forclusión de la producción propiamente dicha, su reducción a mero escenario de la batalla política?

Recuérdese la exaltada defensa que hace Badiou del Terror en la Revolución Francesa, en la que cita la justificación de la guillotina para Lavoisier: «La république n'a pas besoin de savants» [«La república no necesita científicos»]. La tesis de Badiou es que la verdad de esta afirmación surge si la acortamos, despojándola de su advertencia: «La république n'a pas de besoins» [«La república no tiene necesidades»]. La república da cuerpo a la lógica puramente política de la igualdad y la libertad, que debe seguir su camino sin mayores miramientos hacia el «suministro de bienes» destinados a la satisfacción de las necesidades de los individuos[93]. En el proceso revolucionario propiamente dicho, la libertad se torna en un fin en sí mismo, atrapado en su propio paroxismo. Esta suspensión de la importancia de la esfera de la economía, de la producción (material), lleva a Badiou a posiciones cercanas a Hanna Arendt, para quien, dentro de una estricta homología con Badiou, la libertad se contrapone al dominio de la provisión de bienes y servicios, del mantenimiento de las familias y del ejercicio de la Administración, que no pertenecen a la política propiamente dicha: el único lugar para la libertad es el espacio político comunal. En este preciso sentido, el alegato de Badiou (y Sylvain Lazarus)[94] a favor de la reconsideración de Lenin es más ambiguo de lo que podía parecer: en realidad se traduce en nada menos que en el abandono de una de las muestras decisivas de la perspicacia de Marx, para el que la lucha política es un espectáculo que, para ser descifrado, debe encontrar sus referencias en la esfera de lo económico («de tener el marxismo algún valor para la teoría *política*, acaso éste resida en la insistencia en que el problema de la libertad está ínsito en las relaciones sociales implícitamente declaradas "apolíticas" –es decir, naturalizadas– por el discurso liberal»)[95]. No sorprende por ello que el Lenin que prefieren Badiou y Lazarus es el Lenin del *¿Qué hacer?*, el Lenin que (en su tesis por la cual la conciencia socialista y revolucionaria ha de ser introducida desde el exterior en la clase obrera) rompe con el supuesto «economicismo» de Marx, afirmando la autonomía de lo político, y NO el Lenin de *El Estado y la revolución*, fascinado por la moderna industria centralizada y que imagina los modos (despolitizados) de reorganizar la economía y el aparato del Estado.

Esta «política pura» de Badiou, Rancière y Balibar, más jacobina que marxista, comparte con su gran contrincante, los estudios culturales anglosajones centrados en las luchas por el reconocimiento, la degradación de la esfera de la economía. Dicho de otra manera, todas las nuevas teorías francesas (o de influencia francesa) de lo político, de Balibar a Laclau y Mouffe, pasando por Rancière y Badiou, apuntan –expresándolo en términos filosóficos– a la reducción de la esfera de la economía (de la producción material) a un esfera «óntica» carente de dignidad «ontológica». Dentro de este horizonte no se adivina lugar alguno para la «crítica de la economía política» marxiana: la estructura del universo de las mercancías y el capital en *El capital* de Marx NO se agota en una

---

[93] Véase Alain BADIOU, «L'Un se divise en deux», intervención en el simposio *The Retrieval of Lenin*, Essen, 2-4 de febrero de 2001.

[94] Véase Sylvain LAZARUS, «La forme Parti», intervención en el simposio *The Retrieval of Lenin*, cit.

[95] Wendy BROWN, *States of Injury*, Princeton, Princeton University Press, 1995, p. 14.

limitada esfera empírica, sino que constituye una suerte de a priori sociotrascendental, la matriz que genera la totalidad de las relaciones sociales y políticas. En última instancia, la relación entre la economía y la política es la de la conocida paradoja visual de las «dos caras o un jarrón»: o se ven dos caras o se ve un jarrón, nunca ambos a la vez: hay que elegir[96]. Del mismo modo, o nos centramos en la política, de tal suerte que el dominio de la economía queda reducido a un empírico «suministro de bienes», o nos centramos en la economía, de tal suerte que la política queda reducida a un teatro de apariencias, a un fenómeno pasajero que desaparecerá con la llegada de la sociedad comunista (o tecnocrática) desarrollada, en la que, como ya expresara Engels, la «administración de las personas» se disolverá en la «administración de las cosas»[97].

De esta suerte, la crítica «política» del marxismo (la afirmación de que, cuando reducimos la política a una expresión «formal» de un proceso socioeconómico «objetivo» subyacente, perdemos la apertura y la contingencia constitutivas del campo político propiamente dicho) debe completarse con su anverso: el campo de la economía es EN SU FORMA MISMA irreductible a la política, este ámbito de la FORMA de la economía (de la economía como FORMA determinante de lo social) es lo que los «posmarxistas

---

[96] Véase Fredric Jameson, «The Concept of Revisionism», intervención en el simposio *The Retrieval of Lenin*, cit.

[97] ¿No encontramos acaso la misma paradoja del «jarrón / dos caras» en el caso del holocausto y del gulag? O elevamos el holocausto al peor de los crímenes, de tal suerte que el terror estalinista quede semirredimido, reducido a la condición de un crimen «corriente», o nos centramos en el gulag como el resultado final de la lógica del terror revolucionario moderno, de tal suerte que en el mejor de los casos el holocausto queda reducido a un ejemplo más de la misma lógica. En cierto modo, no parece posible formular una teoría del totalitarismo verdaderamente «neutral» sin conceder una preferencia oculta al holocausto o al gulag. En la historia del comunismo en Eslovenia, hubo un momento traumático en el que los campos de concentración nazis y los grandes procesos propagandísticos estalinistas se cruzaron: en 1949 se celebró en Ljubljana, la capital eslovena, un proceso público que se conoce como el «proceso de Dachau»: los acusados eran viejos comunistas que fueron capturados por los nazis y sobrevivieron al campo de Dachau. La mayoría de ellos ocuparon cargos importantes en la nueva industria nacionalizada después de la Segunda Guerra Mundial, en la que se convirtieron en chivos expiatorios de los fracasos económicos del nuevo régimen: fueron acusados de colaborar con la Gestapo en Dachau, traicionando a sus colegas (razón por la que habrían sobrevivido) y, después de la guerra, de continuar trabajando para los servicios secretos occidentales, saboteando la construcción del socialismo; una vez que se les obligó a confesarse culpables en público, la mayoría de ellos fueron condenados a muerte y fusilados inmediatamente, mientras que unos pocos fueron encarcelados en Goli Otok [la Isla Desnuda], en el mar Adriático, un gulag más pequeño en versión yugoslava. Su desesperación no tuvo límites: después de sobrevivir a Dachau, no encontraron ningún compasivo «gran Otro» al que contar su terrible experiencia; por el contrario, fueron condenados por sobrevivir (sin duda la persecución jugó con la supuesta culpa del superviviente). De esta suerte, se encontraron en un vacío horroroso, despojados de todo respaldo simbólico y comprobando cómo su vida se vaciaba completamente de sentido...

políticos» franceses pasan por alto cuando reducen la economía a una de las esferas sociales positivas. En Badiou, la raíz de esta noción de «política» pura, radicalmente autónoma con respecto a la historia, la sociedad, la economía, el Estado e incluso el partido, es una oposición entre ser y acontecimiento y aquí Badiou sigue siendo «idealista». Desde el punto de vista materialista, un acontecimiento surge «de la nada» dentro de una constelación específica del ser: el espacio de un acontecimiento es la distancia «vacía» mínima entre dos entes, la dimensión «otra» que brilla a través de esa brecha.

Así pues, el Lenin considerado como el máximo estratega político no debe ser separado bajo ningún concepto del Lenin «tecnócrata», que sueña con la reorganización científica de la producción. La grandeza de Lenin consiste en que, aunque carecía del aparato conceptual adecuado para pensar conjuntamente ambos ámbitos, era consciente de la *urgencia* de hacerlo: una tarea imposible y no obstante necesaria[98]. Nos las vemos aquí con otra versión del lacaniano «il n'y a pas de rapport...» [«no hay relación...»]: si, para Lacan, no hay relación sexual, entonces, para el marxismo propiamente dicho, *no hay relación entre economía y política*, no hay un «metalenguaje» que nos permita aferrar desde un mismo punto de vista neutral los dos ámbitos, a pesar de que (o, para ser más exactos, PORQUE) los dos ámbitos están inextricablemente entrelazados. La lucha de clases «política» se produce en medio de la economía (recordemos que el último parágrafo del tercer libro de *El capital*, en el que el texto se corta bruscamente, aborda la lucha de clases), mientras que, al mismo tiempo, el dominio de la economía hace las veces de clave que nos permite decodificar las luchas políticas. No sorprende por ello que la estructura de esta relación imposible sea la de la cinta de Moebius: en un primer momento, tenemos que avanzar desde el espectáculo político hasta su infraestructura económica; luego, en un segundo paso, tenemos que cotejar la dimensión irreductible de la lucha política con el corazón mismo de la economía.

A este respecto, la posición de Lenin, contraria tanto al economicismo como a la política pura, sigue siendo decisiva en nuestros días habida cuenta de la actitud dividida ante la economía que encontramos en (lo que queda de) los círculos radicales: por un lado, los «políticos» puros arriba citados, que abandonan la economía como emplazamiento de la lucha y la intervención; por otro lado, los economicistas, fascinados por el funcionamiento de la economía global de nuestros días, que excluyen toda posibilidad de intervención política propiamente dicha. A este respecto, hoy más que nunca debemos volver a Lenin: sí, la economía es el dominio decisivo, la batalla se decidirá

---

[98] Asimismo, el logro de *Historia y conciencia de clase* de Geörgy Lukács consiste en que es una de las pocas obras que fue capaz de reunir ambas dimensiones: por una parte, el tema del fetichismo de la mercancía y la reificación; por otra parte, el tema del partido y de la estrategia revolucionaria, razón por la cual el libro es profundamente *leninista*.

allí, hemos de romper el hechizo del capitalismo global; SIN EMBARGO, la intervención debe ser cabalmente POLÍTICA, no económica. Hoy, cuando todo el mundo es «anticapitalista», hasta las películas «sociocríticas» de tema conspirativo hechas en Hollywood (que incluyen desde *Enemigo público* a *El dilema*) y en las que el enemigo son las grandes corporaciones con su despiadada búsqueda del beneficio, el significante «anticapitalismo» ha perdido su aguijón subversivo. Lo que debemos problematizar es, antes bien, el claro opuesto de este «anticapitalismo»: la confianza en que la sustancia democrática de los estadounidenses honrados desbaratará la conspiración. ÉSTE es el núcleo duro del universo capitalista global de nuestros días, su verdadero Significante-Amo: democracia.

El límite de la democracia es el Estado: en el proceso electoral democrático, el cuerpo social queda simbólicamente disuelto, reducido a una multitud puramente numérica. Precisamente, el cuerpo electoral no es un cuerpo, un todo estructurado, sino una multitud informe y abstracta, una multitud sin Estado (en el doble sentido badiousiano de la expresión: el Estado como la unidad re-presentada de la multitud, y el Estado con sus aparatos). Así pues, lo decisivo no es que la democracia sea inherente al Estado, que repose en sus aparatos, sino que IGNORE estructuralmente esta dependencia. Cuando Badiou dice que el Estado siempre se presenta en exceso con respecto a la multitud que representa, esto significa que precisamente este exceso es estructuralmente pasado por alto por la democracia: la ilusión democrática consiste en que el proceso democrático no puede controlar el exceso del Estado.

Por esta razón el movimiento antiglobalización no es suficiente: llegado un punto TENDREMOS que problematizar la referencia manifiesta a la «libertad y la democracia». En esto reside la principal lección leninista para nuestros días: paradójicamente, sólo de este modo, problematizando la democracia, dejando claro que *a priori* la democracia liberal, en su idea misma (tal y como Hegel lo habría expresado) no puede sobrevivir sin la propiedad privada capitalista, podemos hacernos realmente anticapitalistas. ¿No proporcionó acaso la desintegración del comunismo en los noventa la confirmación final de la más «vulgar» de las tesis marxistas, según la cual la verdadera base económica de la democracia política es la propiedad privada de los medios de producción, esto es, el capitalismo con sus distinciones de clase? El impulso más apremiante tras la introducción de la democracia política fue la «privatización», el esfuerzo frenético por encontrar –a cualquier precio, fuera como fuese– NUEVOS PROPIETARIOS, que pudieran ser los descendientes de los viejos propietarios cuyos bienes fueron nacionalizados cuando los comunistas tomaron el poder, ex comunistas, *apparatchiks*, mafiosos...; cualquiera, al solo objeto de conseguir una «base» para la democracia. La trágica ironía final es que todo esto llegaba demasiado tarde, en el preciso momento en que, en las sociedades «posindustriales» del Primer Mundo, la propiedad privada comenzó a perder su carácter regulador central.

Así pues, la batalla que nos espera es doble: en primer lugar, claro, el anticapitalismo. Sin embargo, un anticapitalismo que no problematiza la forma POLÍTICA del capitalismo (la democracia parlamentaria liberal) no es suficiente, por más «radical» que sea. Tal vez EL señuelo consista hoy en la creencia en que podemos socavar el capitalismo sin problematizar realmente el legado liberal-democrático que –como afirman algunos izquierdistas–, aunque fue engendrado por el capitalismo, cobró autonomía y puede servir para criticar al capitalismo. Este señuelo es rigurosamente correlativo de su aparente contrario, de la descripción poética seudodeleuziana en términos de amor/odio, fascinante y fascinada, del capital como de un monstruo/vampiro rizomático que lo desterritorializa y lo engulle todo, indomable, dinámico, surgiendo siempre de entre los muertos, fortaleciéndose después de cada crisis, un Dionisos-Fénix renacido... En esta referencia poética (anti)capitalista a Marx éste está *verdaderamente muerto*: consiste en apropiarse de Marx una vez que se le ha despojado de su aguijón político.

Marx estaba fascinado por el impacto «desterritorializador» y revolucionario del capitalismo, que, con su dinámica inexorable, socava todas las formas tradicionales de la interacción humana –todo lo sólido se evapora en el aire, hasta los cadáveres de los judíos que desaparecieron en el humo de los hornos crematorios de Auschwitz...–. De acuerdo con su concepción del capitalismo, la «desterritorialización» provocada por éste no era lo bastante exhaustiva, ya que generaba nuevas «reterritorializaciones», de tal suerte que el principal obstáculo del capitalismo es el capitalismo mismo, esto es, el capitalismo desencadena una dinámica que ya no es capaz de contener. Lejos de haberse quedado anticuada, esta afirmación parece cobrar actualidad cuando constatamos los puntos muertos que en la actualidad conoce la globalización y mediante los que la naturaleza intrínsecamente antagonista del capitalismo desmiente su triunfo mundial. Sin embargo, el problema es el siguiente: ¿sigue siendo posible imaginar el comunismo (u otra forma de sociedad poscapitalista) como una formación que dé rienda suelta a la dinámica desterritorializadora del capitalismo, liberándola de sus coacciones intrínsecas? La prospección fundamental de Marx fue la de que un orden social nuevo y más elevado (el comunismo) era posible, un orden que no sólo conservaría, sino que intensificaría todavía más la liberación completa y efectiva del potencial de la espiral de productividad autogenerada del sistema que, en el capitalismo, a causa de su obstáculo/contradicción intrínseca, se ve frustrado una y otra vez por crisis económicas socialmente destructivas. Lo que Marx pasó por alto es que, expresándolo en los términos derridianos habituales, este obstáculo/antagonismo –como la «condición de imposibilidad» del pleno despliegue de las fuerzas productivas– es, al mismo tiempo, su «condición de posibilidad»: si se elimina el obstáculo, la contradicción intrínseca al capitalismo, no se asiste al impulso de una productividad plenamente desplegada, una vez que se ha liberado al fin de su impedimento, sino que se pierde precisamente esa productividad que parecía ser generada y, al mismo tiempo, se veía frustrada por el capitalismo: si retiramos el obstáculo, ese mismo potencial frustrado por el obstáculo se disuelve..., a este respecto sería posible hacer una crítica lacaniana de Marx, centrada en la ambigua superposición entre plusvalor y plusgoce[99].

Aunque este constante revolucionamiento autopropulsado sigue dando cuenta del periodo de esplendor del estalinismo y de su movilización productiva total, el socialismo real tardío «estancado» se legitima (al menos entre líneas) como una sociedad en la que se puede vivir tranquilamente, evitando la tensión competitiva capitalista. Fue ésta la última línea defensiva cuando, desde finales de la década de los sesenta en adelante, tras la caída de Kruschev (el último entusiasta que, durante su visita a Estados Unidos, anunció proféticamente que «vuestros nietos serán comunistas»), quedó claro que el socialismo real estaba perdiendo la posición de ventaja competitiva en su guerra contra el capitalismo. Cabe decir que el socialismo real tardío estancado ERA ya en cierto modo un «socialismo con rostro humano»: abandonando silenciosamente las grandes tareas históricas, proporcionaba la seguridad de la vida cotidiana que se desenvolvía dentro de un aburrimiento benévolo. La *Ostalgie** de nuestros días por el socialismo difunto consiste en gran medida en esa nostalgia conservadora de aquel modo de vida autosatisfecho y forzado; incluso los artistas nostálgicos anticapitalistas, de Peter Handke a Joseph Beuys, celebran este aspecto del socialismo: la ausencia de movilización estresante y de mercantilización frenética. El mismo Erich Mielke, el jefe de la policía secreta de la antigua RDA, admitió sin ambages la incapacidad del régimen comunista para medirse con la lógica capitalista del exceso autopropulsado: «El socialismo es estupendo; por eso la gente exige más y más. Así son las cosas»[100]. Por supuesto, este cambio inesperado habla suficientemente de la deficiencia misma del proyecto marxista original: apunta a la limitación de su objetivo de movilización productiva sin trabas.

¿Cómo es posible que *The Buenavista Social Club* (1999), ese redescubrimiento y celebración de la música cubana prerrevolucionaria, de la tradición ocultada durante muchos

---

[99] Para un desarrollo adicional de este punto, véase el capítulo 3 de Slavoj ŽIŽEK, *The Fragile Absolute* [ed. cast.: *El frágil absoluto*, Valencia, Pre-Textos, 2002]. Se suele decir que el principal producto del capitalismo son montones de basura –ordenadores, coches, televisiones y reproductores de vídeo desechados...: lugares como la famosa «última morada» de cientos de aviones abandonados en el desierto de Mojave nos enfrentan a la verdad complementaria de la dinámica capitalista, a sus restos de objeto inerte–. Sobre esta base hemos de leer el sueño-idea del reciclaje total (en el que todos los restos son reutilizados) como el sueño capitalista final, por más que se revista con los ropajes de la conservación del equilibrio natural del planeta Tierra: el sueño de la circulación autopropulsada del capital, que conseguiría no escatimar ningún material –una prueba de hasta qué punto el capitalismo puede apropiarse de ideologías que parecen oponerse a éste.

* Véase n. 81 en p. 72.

[100] Armin MITTER y Stefan WOLLE (eds.), *Ich liebe euch doch alle! Befehle und Lage berichte des MfS Januar-November 1989*, Berlín, BasisDruck, 1990, p. 120.

años por la imagen fascinante de la Revolución, fuera recibida, no obstante, como un gesto de apertura hacia la Cuba de hoy, hacia la Cuba de Castro? ¿No sería mucho más lógico ver en esta película el gesto nostálgico-reaccionario *par excellence*, el del descubrimiento y la rehabilitación de las huellas del pasado prerrevolucionario largo tiempo olvidado (músicos entre los setenta y los ochenta años, las viejas calles desvencijadas de La Habana, como si el tiempo se hubiera detenido allí durante décadas)? Sin embargo, cabe situar el logro paradójico de la película precisamente en este plano: interpreta esta nostalgia misma de pasado musical prerrevolucionario de los *night club* como parte del presente posrevolucionario cubano (como queda de manifiesto ya en la primerísima escena de la película, en la que el viejo músico hace comentarios de viejas fotos de Fidel y del Che). Esto es lo que hace de esta película «apolítica» un modelo de intervención *política*: mediante la demostración de que el pasado musical «prerrevolucionario» fue incorporado a la Cuba posrevolucionaria, socava la percepción habitual de la realidad cubana. Por supuesto, el precio que ha de pagar esta intervención es que la imagen que recibimos de Cuba es la de un país en el que el tiempo se ha detenido: no pasa nada, no hay ninguna industriosidad, vemos coches viejos, ferrocarriles abandonados y gente que se limita a pasear y, de vez en cuando, cantan e interpretan música. De esta suerte, la Cuba de Wenders es la versión latinoamericana de la imagen nostálgica de Europa del Este: un espacio fuera de la historia, fuera de la dinámica de la segunda modernización de nuestros días. La paradoja (y, tal vez, el mensaje final de la película) es que en ello residía la principal función de la Revolución: no en acelerar el desarrollo social sino, por el contrario, en despejar un espacio en el que el tiempo se detuviera.

VIII

Porque no saben lo que creen

El capitalismo no es una época histórica entre otras. En cierto modo, el antaño de moda y hoy ya olvidado Francis Fukuyama TENÍA razón: el capitalismo global ES «el final de la historia». Un cierto exceso, que de algún modo había quedado bajo custodia en la historia anterior, percibido como una perversión local, una desviación limitada, en el capitalismo se ve izado a principio mismo de la vida social, en el movimiento especulativo del dinero que crea más dinero, de un sistema que sólo puede sobrevivir revolucionando constantemente sus propias condiciones, es decir, en el que *la cosa sólo puede sobrevivir como su propio exceso*, excediendo constantemente sus propias restricciones «normales». Veamos el caso del consumo: antes de la modernidad, se trataba de la contraposición directa entre el consumo moderado y su exceso (la glotonería, etc.); con el capitalismo, el exceso (el consumo de «cosas inútiles») se convierte en LA REGLA, esto es, la forma elemental de comprar es el acto de comprar cosas que «en realidad NO necesitamos». Por supuesto, hay un límite ecológico del crecimiento: por ejemplo, no cabe duda de que la perspectiva de desarrollo rápido de China, que implicaría la producción de millones de coches nuevos, pondría en marcha –en la actual constelación global– una catástrofe ecológica global. Sin embargo, no debemos subestimar a este respecto la capacidad del capitalismo para colonizar dominios que parecen resistírsele, esto es, para convertir catástrofes provocadas por su propio desarrollo en incentivos para un desarrollo adicional. Teniendo en cuenta que uno de los mayores logros del capitalismo consiste en convertir toda catástrofe humana (de la enfermedad a la guerra) en una fuente de inversión lucrativa, ¿por qué no habría de suceder lo mismo con la ecología? El sueño de que una grave catástrofe ecológica nos despierte del sueño capitalista y nos convierta en abnegados productores sin ánimo de crecimiento ni de lucro subestima por desgracia la consabida capacidad capitalista de convertir las catástrofes en un «no hay mal que por bien no venga»[101]. Razón por la cual debemos seguir siendo fieles a la más perspicaz de las imágenes de Marx: la expansión ilimitada del capitalismo encuentra su límite no en un exterior –por ejemplo, en los recursos ecológicos disponibles– sino en sí mismo: el límite del capitalismo le es absolutamente intrínseco o, como lo expresara el propio Marx, el límite del capitalismo es el propio capitalismo.

Y acaso haya habido que esperar hasta nuestros días, los del capitalismo global en su forma «posindustrial» digitalizada, para que, expresándolo en términos hegelianos, el capitalismo realmente existente se ponga al nivel de su idea: tal habría que volver a seguir el viejo lema antievolucionista de Marx (que, por cierto, tomó prestado literalmente de Hegel) que dice que la anatomía del hombre proporciona la clave para explicar la anatomía de un mono, esto es, que para exponer la estructura ideal intrínseca de una formación social debemos comenzar por su forma más desarrollada. Marx situó el antagonismo capitalista elemental en la oposición entre valor de uso y valor de cambio: en el capitalismo, los potenciales de esta oposición se han realizado completamente, el dominio de los valores de cambio cobra autonomía y se transforma en el espectro de un capital especulativo autopropulsado que usa las capacidades y necesidades productivas de las personas reales como su encarnación temporal prescindible. Marx dedujo la idea misma de crisis económica de este desajuste: una crisis sobreviene cuando la realidad alcanza el espejismo ilusorio y autogenerado del dinero que crea más dinero, ya que esta locura especulativa no puede continuar indefinidamente, tiene que explotar en crisis aún más graves. Para él, la raíz última de la crisis es el desajuste entre el valor de uso y el valor de cambio: la lógica del valor de cambio sigue su propio camino, su propia danza enloquecida, sin miramiento alguno hacia las necesidades de las personas reales. Tal vez este análisis sea hoy más exacto que nunca, cuando la tensión entre el universo virtual y el real está alcanzando proporciones casi manifiestamente insoportables: por un lado, tenemos descabelladas especulaciones solipsistas sobre futuros, fusiones, etc., que responden a su propia lógica intrínseca; por otro lado, la realidad no pierde el paso en forma de catástrofes ecológicas, pobreza, del derrumbe de la vida social en el Tercer Mundo o de la enfermedad de las «vacas locas». De ahí que los cibercapitalistas puedan presentarse como los capitalistas paradigmáticos de nuestros días, de ahí que Bill Gates pueda soñar con un ciberespacio que sería el marco para lo que él denomina «capitalismo sin fricciones». Asistimos aquí a un cortocircuito entre las dos versiones del desajuste existente entre realidad y virtualidad: el desajuste entre la producción real y el dominio virtual/espectral del capital, y el desajuste entre la realidad

---

[101] De hecho, ya hay predicciones de que la «próxima revolución industrial» se centrará en el medio ambiente natural como el campo principal de las inversiones y de las innovaciones capitalistas –véase Paul HAWKEN, Amory LOVINS y Hunter LOVINS, *The Natural Capitalism. The Next Industrial Revolution*, Londres, Earthscam, 1999.

experiencial y la realidad virtual del ciberespacio. El verdadero horror del lema «capitalismo sin fricciones» consiste en que, en la medida en que las «fricciones» reales continúan insistiendo, se tornan invisibles, quedan reprimidas en el inframundo exterior a nuestro universo posindustrial «posmoderno»; de ahí que el universo «sin fricciones» de la comunicación digitalizada, los artilugios tecnológicos, etc., esté siempre obsesionado por la idea de que una catástrofe global puede surgir a la vuelta de la esquina, amenazando con explotar en cualquier momento.

En efecto, parece que el desajuste del ciberespacio entre mi fascinante imagen personal en la pantalla y la carne miserable que soy «yo» fuera de la pantalla se traslade en la experiencia inmediata al desajuste entre lo Real de la circulación especulativa del capital y LA realidad gris de las masas empobrecidas. Como ya hemos señalado, en el mercado de nuestros días encontramos toda una serie de productos despojados de sus propiedades malignas: café sin cafeína, nata sin grasa, cerveza sin alcohol... La Realidad Virtual se limita a *generalizar* este procedimiento consistente en ofrecer un producto despojado de su sustancia: ofrece LA REALIDAD MISMA despojada de su sustancia, del núcleo duro de lo Real que resiste; al igual que el café descafeinado huele y sabe como el verdadero café sin serlo, la Realidad Virtual se experimenta como realidad sin serlo[102]. En el caso de la Realidad Virtual, la diferencia no sólo atañe a la cantidad: el café sin cafeína sigue siendo parte de la realidad, mientras que la Realidad Virtual suspende la noción misma de realidad... Sin embargo, ¿es de veras el recurso a una «realidad» que tarde o temprano se pondrá al mismo nivel que el juego virtual el único modo de hacer operativa una crítica del capitalismo? ¿Y si el problema del capitalismo no fuera esta danza enloquecida y solipsista, sino precisamente lo contrario: que continúa renegando de su distancia con respecto a la «realidad», que se presenta como si respondiera a las verdaderas necesidades de personas reales? Aquí reside el motivo central de las recientes lecturas deconstruccionistas de Marx.

Acerquémonos al *Espectros de Marx* de Jacques Derrida[103]: ¿no contiene acaso una tensión entre la reivindicación «oficial» anticapitalista de Derrida (su llamamiento a una «nueva Internacional» contra el capitalismo global) y su análisis de la espectralidad irreductible que tiene que complementar el vacío de todo edificio ontológico positivo, como el a priori prototrascendental que abre el espacio para la espectralidad del capital? ¿Y esto último no obliga a Derrida a concluir que, en última instancia, la crítica del capitalismo de Marx y su proyecto revolucionario de sociedad comunista fueron

---

[102] Nos vemos tentados a incluir en esta serie al sujeto mismo: ¿no es precisamente el denominado «sujeto proteico» posmoderno un «sujeto (o, para ser más exactos, una subjetividad) sin sujeto», despojada de la radical negatividad (autorreferente) que hace de ella un sujeto?

[103] Véase Jacques DERRIDA, *Specters of Marx*, Nueva York, Routledge, 1993 [ed. cast.: *Espectros de Marx*, Madrid, Trotta, 1995] .

un intento de reducir (o, para ser más exactos, de contener) la dimensión de espectralidad y *différance* dentro del marco ontológico positivo de la humanidad no alienada en la que el *general intellect*[104] regula su reproducción como un proceso totalmente (auto)transparente? Resumiendo, ¿no concluye acaso Derrida que el *capital* es *différance*: un movimiento que nunca llega a su consumación (el círculo completo de su circulación), que siempre *pospone* el ajuste de cuentas final? El capitalismo se expande «endeudándose con el futuro» reiteradamente, refiriéndose a un momento futuro indefinido de «reembolso final» para siempre postergado, como la continua renegociación de las deudas de los países del Segundo y Tercer Mundos por parte del FMI, manteniendo la ficción (que resulta funcional, aunque nadie se la crea) de que, en algún momento futuro, las deudas serán saldadas. Ya J. M. Keynes, cuando criticaba la idea según la cual, a largo plazo, la realidad habría de alcanzar al movimiento especulativo del capital, añadía con amargura que, a largo plazo, estaríamos todos muertos: sin embargo, la vida económica real es precisamente la postergación incesante de este ajuste de cuentas final. Así pues, cuando, en su lectura derridiana –por lo demás admirable– de *El capital* de Marx, Kojin Karatani afirma que el capitalismo es de antemano su propia deconstrucción, que ya no se trata de un sistema estable y autocentrado perturbado por excesos e interferencias, sino de un sistema que, precisamente, se conserva mediante incesantes autorrevolucionamientos, un sistema cuya inestabilidad constituye su verdadera fuerza, que en cierto modo se presenta en exceso con respecto a sí mismo (lo que, dicho sea de paso, es al fin y al cabo una reelaboración deconstruccionista de las fórmulas que utiliza Marx en el *Manifiesto comunista*), llega al final a una definición puramente formal del capitalismo como sistema autorreferencial sostenido por su propio desequilibrio estructural:

> El sistema formal autorreferencial es dinámico a causa de su incesante deslizamiento interno (autodiferenciación). No puede conservar un metanivel o centro definitivo que sistematice un sistema. Por el contrario, al igual que la «multiplicidad de sujetos» que propusiera Nietzsche, es multicentrado [...]. En definitiva, el sistema formal autorreferencial se presenta siempre desequilibrado y en exceso[105].

Así pues, ¿cómo es posible el anticapitalismo radical dentro de estas coordenadas? ¿Es suficiente la idea de la lucha anticapitalista como la lucha entre dos espectralidades, la espectralidad «mala» del capital y la espectralidad «buena» de la promesa mesiánica de justicia y de democracia venidera? ¿No estamos acaso obligados –en la medida

---

[104] Karl MARX, *Elementos fundamentales...*, cit., p. 706.
[105] Kojin KARATANI, *Architecture As Metaphor*, Cambridge, Mass., The MIT Press, 1995, p. 117.

en que permanezcamos dentro de este marco– a aplicar la lógica deconstructiva del complemento a esta oposición misma, y a afirmar que la espectralidad «buena» de la promesa mesiánica siempre está contaminada de antemano por la espectralidad «mala» del capital? De este modo, la idea deconstruccionista habitual que explica que el capitalismo es un orden que genera/contiene su propio exceso, de tal suerte que ES ya su propia *différance*, careciendo de todo centro fijo que pudiera ser subvertido, confunde lo que con tanta solvencia (y, nos vemos tentados a añadir, tanta seducción) describe como los «caprichos teológicos» intrínsecos al capital, con la teoría de la lucha de clases de Marx y con el modo en que, inexorablemente, el capitalismo ha de producir un exceso que no estará en condiciones de contener.

Examinemos con mayor detenimiento la descripción clásica que Marx ofrece de la transformación del dinero en capital, con sus alusiones explícitas a sus presupuestos hegelianos y cristianos. En primer lugar, tenemos el acto simple de intercambio mercantil en el que yo vendo para comprar; vendo el producto que poseo o hago para comprar otro que me es de alguna utilidad: «La mera circulación de mercancías –vender para comprar– es un medio de satisfacer un objetivo desligado de la circulación, a saber: la apropiación de valores de uso, la satisfacción de necesidades»[106]. Lo que acontece con el surgimiento del capital no es únicamente la inversión de M-D-M [mercancía-dinero-mercancía] en D-M-D, esto es, de la inversión de dinero en la compra de alguna mercancía para vernderla de nuevo y volver a tener (más) dinero; el efecto decisivo de esta inversión es la ETERNIZACIÓN de la circulación: «La circulación de dinero como capital es, por el contrario, un fin en sí mismo, toda vez que la expansión del valor sólo se produce dentro de este movimiento incesantemente renovado. Así pues, la circulación del capital no tiene límites»[107]. A este respecto resulta crucial la diferencia entre el capitalista y el avaro tradicional, que amontona su tesoro en algún escondite secreto, mientras que el capitalista aumenta su tesoro arrojándolo a la circulación.

> Su único objetivo es el proceso incesante e ininterrumpido de producción de beneficio. Este ansia desmedida de riquezas, esta apasionada persecución del valor de cambio, es común tanto al capitalista como al avaro; sin embargo, mientras que el avaro no es

---

[106] Karl MARX, *Capital*, vol. I, Nueva York, International Publishers, 1867, p. 253.

[107] *Ibid.*, p. 254. Con este tránsito a la forma universal de la circulación como un fin en sí mismo pasamos de la ética premoderna, fundada en una referencia a un Dios superior sustancial, a la ética kantiana, paradigmáticamente moderna, en la que, en última instancia, lo que importa es la forma del deber, esto es, en la que el deber ha de ser cumplido por el deber mismo. Lo que significa que la insistencia de Lacan en la tesis de que la ética de Kant es la ética intrínseca al universo galileico-newtoniano de la ciencia moderna debe ser completada con una indagación perspicaz del modo en que la ética de Kant es también la ética intrínseca a la lógica capitalista de la circulación como fin en sí mismo.

más que un capitalista que ha enloquecido, el capitalista es un avaro racional. El aumento incesante del valor de cambio que el avaro se esfuerza por conseguir, tratando de retirar su dinero de la circulación, es conseguido con mayor perspicacia por el capitalista arrojándolo siempre de nuevo a la circulación[108].

No obstante, esta locura del avaro no es algo que desaparezca sencillamente con el surgimiento del capitalismo «normal» o de su desviación patológica. Antes bien, es *intrínseco* al mismo: el avaro tiene su momento de gloria cuando sobrevienen *crisis* económicas. En una crisis, no es el dinero –como cabría esperar– el que pierde su valor, de tal suerte que tenemos que recurrir al valor «real» de las mercancías; las mercancías mismas (la encarnación del «valor/de uso /real») se tornan inútiles, porque nadie puede comprarlas. En una crisis,

> súbita e inmediatamente, el dinero pasa de su forma puramente nominal, moneda de cuenta, a convertirse en dinero contante y sonante. Las mercancías profanas ya no pueden reemplazarle. El valor de uso de las mercancías se torna en desvalor, de tal suerte que su valor se evapora delante de su forma misma del valor. El burgués, ebrio de prosperidad y arrogantemente seguro de sí mismo, acaba de declarar que el dinero es sin más un producto de la imaginación. «Sólo las mercancías son dinero», decía. Sin embargo, ahora el grito contrario retumba en los mercados del mundo: sólo el dinero es una mercancía [...]. En una crisis, la antítesis entre las mercancías y su forma del valor, el dinero, accede al plano de una contradicción absoluta[109].

Resulta decisivo que Marx, con este ascenso del dinero al estatus de única mercancía verdadera («El capitalista sabe que todas las mercancías, por más canallescas que parezcan, o por mal que huelan, son de toda fe y sin lugar a error dinero, judíos circuncidados en su seno»)[110], se sirva de la precisa definición paulina de los cristianos como «judíos circuncidados en su seno»: los cristianos no necesitan ninguna circuncisión real externa (esto es, el abandono de las mercancías corrientes dotadas de valores de uso, preocupándose únicamente del dinero), porque saben que cada una de esas mercancías corrientes está ya «circuncidada en su seno», que su verdadera sustancia es el dinero. Más decisivo resulta aún el modo en que Marx describe el tránsito del dinero al capital utilizando fielmente las fórmula hegeliana del tránsito de la sustancia al sujeto:

---

[108] *Ibid.*, pp. 254-255.
[109] *Ibid.*, pp. 236-237.
[110] *Ibid.*, p. 171.

A decir verdad, sin embargo, aquí el valor es [en el capital] el factor activo en un proceso en el que, a la par que cobra la forma alterna de dinero y mercancías, cambia su magnitud, se, distingue de sí mismo extrayendo plusvalor de sí mismo; dicho de otra manera, el valor original se expande espontáneamente. El movimiento en el transcurso del cual añade plusvalor es su propio movimiento, su expansión y, por lo tanto, su expansión automática. En tanto que valor, ha adquirido la cualidad oculta que le permite agregar valor a sí mismo. Da a luz una descendencia viva o, cuando menos, pone huevos de oro.

[...] Si en la circulación simple, M-D-M, el valor de las mercancías, frente a su valor de uso, adopta, a lo sumo, la forma autónoma del dinero, aquí se presenta súbitamente como una sustancia en proceso, dotada de movimiento propio (D-M-D'), para la cual la mercancía y el dinero no son más que meras formas. Pero más aún. En vez de representar relaciones mercantiles, aparece ahora, si puede decirse, en *una relación privada consigo mismo*. Como valor originario se distingue de sí mismo como plusvalor –tal como Dios Padre se distingue de sí mismo en cuanto Dios Hijo, aunque ambos son de una misma edad y en realidad constituyen una sola persona– puesto que sólo en virtud del plusvalor de 10 £, las 100 £ adelantadas se transmutan en capital, y así que esto se lleva a cabo, así que el hijo es engendrado y a través de él el Padre se desvanece de nuevo su diferencia y ambos son Uno, 100 £[111].

En definitiva, el capital es dinero que ya no se limita a ser una sustancia de la riqueza, su encarnación universal, sino valor que, mediante su circulación, genera más valor, valor que media/se postula a sí mismo, y que postula retroactivamente sus propios presupuestos. En primer lugar, el dinero aparece como un simple medio de intercambio de mercancías: en vez de emprender un trueque interminable, intercambiamos el propio producto por el equivalente universal de todas las mercancías, que puede intercambiarse entonces por cualquier mercancía que necesitemos. Luego, una vez que se pone en marcha la circulación del capital, la relación se invierte, el medio se torna en un fin en sí mismo, es decir, el tránsito mismo a través del dominio «material» de los valores de uso (la producción de mercancías que satisface las necesidades particulares del individuo) se postula como un momento de lo que sustancialmente es el automovimiento mismo del capital: en lo sucesivo, el verdadero objetivo ya no es la satisfacción de las necesidades del individuo, sino sencillamente la consecución de más dinero, la repetición incesante de la circulación en cuanto tal... Este misterioso movimiento circular de autopostulación equivale entonces al principio fundamental cristiano de la identidad entre Dios Padre y su Hijo, de la inmaculada concepción a cuyo través el Padre engendra por sí mismo directamente (sin abrazar esposa) a su único hijo, formando así la que cabe suponer que es la más remota y perfecta de las familias monoparentales.

---

[111] *Ibid.*, pp. 171-173.

Así pues, ¿es el capital el verdadero Sujeto/Sustancia? Sí y no: para Marx, el movimiento circular autoengendrador es –expresándolo en términos freudianos– precisamente la «fantasía inconsciente» capitalista que parasita al proletariado como «pura subjetividad insustancial»; razón por la cual la danza especulativa autoengendradora del capital tiene un límite y crea las condiciones de su propio derrumbe. Esta imagen perspicaz nos permite resolver el problema crucial de interpretación de la anterior cita: ¿cómo hemos de leer sus primeras cinco palabras, «a decir verdad, sin embargo»? En primer lugar, por supuesto, las palabras implican que esta verdad se impone contra una falsa apariencia o experiencia: la experiencia cotidiana de que el objetivo último de la circulación del capital sigue siendo la satisfacción de necesidades humanas, de que el capital no es más que un medio de procurar del modo más eficaz esta satisfacción. Sin embargo, esta «verdad» NO es la realidad del capitalismo: en realidad, el capital no se engendra a sí mismo, sino que explota el plusvalor del obrero. Por lo tanto, hemos de añadir un tercer plano a la oposición simple entre la experiencia subjetiva (del capital como mero medio de satisfacción eficaz de las necesidades de las personas) y la realidad social objetiva (de la explotación): la «decepción objetiva», la fantasía «inconsciente» negada (del movimiento circular misterioso y autoengendrado del capital), que es la VERDAD (aunque no la REALIDAD) del proceso capitalista. De nuevo, citando a Lacan, la verdad tiene la estructura de una ficción: el único modo de formular la verdad del capital consiste en expresar la ficción de su movimiento «inmaculado» de autoengendramiento. Asimismo, la perspicacia de esta imagen nos permite localizar la debilidad de la apropiación «deconstruccionista» del análisis marxiano del capitalismo al que aludíamos anteriormente: aunque hace hincapié en el proceso incesante de postergación que caracteriza su movimiento, así como en su carácter interminable primordial, en su autobloqueo, el nuevo relato sigue describiendo la FANTASÍA del capital, –describe lo que creen los individuos, aunque no lo sepan.

Esto viene a demostrar que la tarea urgente del análisis económico en nuestros días consiste, de nuevo, en REPETIR la «crítica de la economía política» de Marx, sin caer en la tentación de la multitud de ideologías en torno a las sociedades «posindustriales». El cambio decisivo atañe al estatuto de la propiedad privada: el elemento principal de poder y control ya no es el último eslabón de la cadena de las inversiones, la empresa o el individuo que «detenta realmente» los medios de producción. El ideal capitalista funciona en nuestros días de forma completamente diferente: invertir dinero prestado, sin «detentar realmente» nada, endeudarse incluso y no obstante controlar las cosas. Una corporación es propiedad de otra corporación, que, a su vez, recibe préstamos de los bancos, los cuales, en última instancia, pueden manipular el dinero propiedad de personas corrientes como nosotros. Con Bill Gates, la «propiedad privada de los medios de producción» pierde su sentido, al menos en el sentido habitual de la expresión. La paradoja de esta virtualización del capitalismo es, en última instancia, la misma que la del electrón en la física de partículas elementales. La masa de cada elemento en nuestra realidad se compone de su masa en reposo más el exceso que procura la aceleración de su movimiento, como si nos ocupáramos de una nada que adquiere una sustancia engañosa por el solo y mágico girar sobre sí misma que produce un excedente de sí misma. ¿No funciona acaso el capitalismo virtual de nuestros días de forma homóloga, siendo su «valor en la red» cero y limitándose a operar directamente con el excedente, endeudándose con el futuro?

IX «Capitalismo cultural»

Llevado a su conclusión lógica, el capitalismo virtual se yergue ante nosotros como el significante-amo en su forma más pura. No tenemos más que imaginar una compañía totalmente «subcontratada»: pensemos, por ejemplo, en Nike, que no sólo «subcontrata» su producción material (a contratistas indonesios o centroamericanos), la distribución de sus productos y sus estrategias de marketing y campañas de publicidad, sino también su diseño a una selecta agencia de diseñadores, y que además se financia con préstamos bancarios. De esta suerte, Nike no será «nada en sí misma», nada SINO el puro nombre de marca «Nike», el significante-amo «vacío» que connota la experiencia cultural que corresponde a un determinado «estilo de vida». A este respecto precisamente la polémica contra el papel fetichizado del logo en nuestras vidas cotidianas yerra el tiro: pasa por alto que la eficacia de los diferentes logos parasita un desajuste determinado (entre el significante-amo y la cadena de los significantes «normales») que corresponde al lenguaje en cuanto tal, ya que nunca dispondremos de un lenguaje cuyas expresiones designen directamente la realidad, sorteando la connotación del «estilo de vida». Hace unos años, se crearon dos etiquetas de producto en el mercado de los zumos de frutas (y de helados): «frutas del bosque» y «multivitamina». Ambas están asociadas con un sabor claramente identificable, pero lo importante es que la conexión entre la etiqueta y lo que éste designa es, en última instancia, contingente: la etiqueta no puede fundarse en el contenido que designa. Una combinación distinta de frutas produciría un sabor distinto, al mismo tiempo que sería posible generar el mismo sabor por medios artificiales (y, por supuesto, lo mismo podría hacerse con el zumo «multivitamina»), hasta el punto de que no cuesta imaginar a un niño que, después de recibir un auténtico zumo de frutas del bosque casero, se queja a su madre: «¡No quiero esto! ¡Quiero el zumo de frutas del bosque DE VERDAD!». Sería demasiado fácil ignorar esto como un ejemplo del modo en que las designaciones fijas funcionan dentro del fetichismo de la mercancía: lo que estos ejemplos hacen visible es el desajuste que corresponde al lenguaje «en cuanto tal»: siempre hay un desajuste entre lo que una palabra significa en realidad (en nuestro caso, el sabor reconocido como «multivitamina») y lo que habría significado de funcionar literalmente (cualquier zumo rico en numerosas vitaminas). La «eficacia simbólica» autónoma es tan fuerte que a veces puede generar efectos que llegan a ser asombrosamente misteriosos; recuerdo perfectamente mi reacción cuando probé por primera vez el helado italiano de *zuppa inglese*: aunque no tenía la menor idea de cómo sabe (o debería saber) la «sopa inglesa», el efecto de reconocimiento fue instantáneo y espontáneo, supe «inmediatamente» que el sabor de mi helado era el de *zuppa inglese*...

Jeremy Rifkin designó este nuevo ámbito de mercantilización como «capitalismo cultural»[112], en el cual la relación entre un objeto y su imagen-símbolo se da la vuelta: la imagen no representa al producto, sino que, por el contrario, el producto representa a la imagen[113]. Compramos un producto –una manzana orgánica, por ejemplo– porque representa la imagen de un estilo de vida sano. Esta inversión llega a su extremo cuando una asociación secundaria se torna en el punto de referencia principal, como en el caso del *Concierto para piano núm. 20* de Mozart: después, hace décadas, su segundo movimiento fue utilizado para la banda sonora de la popular película sentimental sueca *Elvira Madigan*, tras lo cual incluso las grabaciones «serias» incluyen por regla general el título de la película –Mozart, *Concierto para piano núm. 20* (*Elvira Madigan*)–, de tal suerte que cuando compramos el CD y lo escuchamos, la experiencia que compramos es la del insípido melodrama romántico... En esta misma línea, la principal razón por la cual muchas personas continúan visitando los almacenes «reales» no es tanto que allí se puede «ver y sentir» el producto mismo, sino que se puede «disfrutar curioseando con uno mismo como en una actividad recreativa»[114].

Como indica el ejemplo de la compra de una manzana orgánica, la protesta ecológica contra la despiadada explotación capitalista de los recursos naturales está de suyo atrapada en la mercantilización de las experiencias: aunque la ecología se ve a sí misma como la protesta contra la digitalización/virtualización de nuestras vidas cotidianas y defiende la vuelta a la experiencia directa de la realidad material sensual dotada de toda su fragi-

---

[112] Véase Jeremy RIFKIN, *The Age of Access*, Nueva York, JP Tarcher, 2001 [ed. cast.: *La era del acceso*, Barcelona, Paidós, 2002]. En una línea similar, Gerhard Schulze propuso el concepto de *Erlebnisgesellschaft*, la «sociedad de la experiencia [vivida]», en la que las normas dominantes son las del placer y la calidad de las experiencias vitales. Véase Gerhard SCHULZE, *Die Erlebnisgesellschaft. Kultursoziologie der Gegenwart*, Frankfurt am Main y Nueva York, Campus Verlag, 1992.

[113] Fuat Firat y Alladi Venkatesh, citados en Jeremy Rifkin, *The Age of Access*, cit., p. 173.

[114] Citado en Jeremy Rifkin, *ibid.*, p. 35.

lidad y su inercia impredecibles, la ecología funciona a su vez como una marca de un nuevo estilo de vida: lo que compramos en realidad cuando compramos «alimentos biológicos», etc., es ya una determinada experiencia cultural, la experiencia de un «estilo de vida ecológico y sano». Otro tanto sucede con la vuelta a la «realidad» que proponía un reciente *spot* publicitario emitido por casi todas las principales cadenas de televisión estadounidenses, que muestra a un grupo de personas normales que celebran bailando una barbacoa campestre con música *country* y el siguiente mensaje: «Carne de vaca. Comida de verdad para gente de verdad». La ironía reside en que la carne de vaca que se ofrece aquí como el símbolo de un determinado estilo de vida (el de los estadounidenses de «verdadera» clase trabajadora humilde) está mucho más manipulada química y genéticamente que los alimentos «biológicos» consumidos por los «artificiales» *yuppies*.

En última instancia, la nación misma se está convirtiendo en una mercancía experiencial: compramos cosas que nos permiten sentirnos a nosotros mismos como miembros de una nacionalidad... Y nos vemos tentados incluso a ir más allá, siguiendo la tesis de Benedict Anderson que considera a las naciones como «comunidades imaginadas»[115]: ¿y si las naciones fueran desde el principio formaciones «artificiales»? ¿No es acaso el ascenso de las naciones modernas (en contraposición a las comunidades «orgánicas» premodernas) concomitante con el ascenso del capitalismo, esto es, de la producción de mercancías? ¿No es la «nación» el espectro insepulto de una Comunidad que comienza a asediarnos una vez que el mercado acaba con las comunidades «vivientes» orgánicas? La nación es una «comunidad imaginada» no sólo en el sentido de que su base material son los *mass media* (la prensa) y no la relación directa entre sus miembros; es «imaginada» también en el sentido más radical de un «complemento imaginario» de la realidad social de desintegración y de antagonismos irresolubles. De esta suerte, la nación funcionó desde el primer momento como un fetiche: lo que importa no es creer en la Causa Nacional, sino usar esta creencia como un soporte que nos permite entregarnos a nuestras egocéntricas actividades («en realidad lo hacemos por nuestra nación»).

El rasgo determinante del capitalismo «posmoderno» al que asistimos hoy es la mercantilización directa de nuestra experiencia misma: en el mercado compramos cada vez menos productos (objetos materiales) que queremos tener en propiedad, y cada vez más experiencias vitales: experiencias sexuales, gastronómicas, de comunicación, de consumo cultural o de participación de un estilo de vida. Los objetos materiales hacen en medida creciente las veces de soportes para esta experiencia, que cada vez más se nos ofrecen gratuitamente para seducirnos con la compra de la verdadera «mercancía experiencial»[116], como sucede en el caso de los teléfonos móviles que recibimos si firmamos un contrato anual:

---

[115] Véase Benedict ANDERSON, *Imagined Communities*, Londres, Verso, 1991.
[116] Jeremy Rifkin, *The Age of Access*, cit., p. 35.

A medida que la producción cultural domina la economía, los bienes cobran cada vez más las cualidades de soportes. Se convierten en simples plataformas o marcos en torno a los cuales ponemos en juego elaborados significados culturales. Pierden su importancia material y cobran importancia simbólica. Se tornan menos en objetos que en herramientas que facilitan la representación de experiencias vividas[117].

Así pues, la tendencia conduce del «¡Compre este reproductor de DVD y reciba gratis cinco DVDs!» al «¡Si se compromete a comprarnos con regularidad DVD (o, incluso mejor, a comprar el acceso a un cable que le permite tener libre acceso a películas digitalizadas) le entregamos un reproductor de DVD!» o, citando la escueta fórmula de Mark Slouka: «A medida que pasamos cada vez más horas del día en entornos sintéticos [...] la vida se convierte a su vez en una mercancía. Alguien la hace para nosotros; nosotros se la compramos. Nos convertimos en los consumidores de nuestras propias vidas»[118]. La lógica del intercambio mercantil accede aquí a un especie de identidad hegeliana autorreferente: ya no compramos objetos, en última instancia compramos (el tiempo de) nuestra propia vida. La idea de hacer del propio sí mismo una obra de arte que expresara Michel Foucault cobra así una inesperada confirmación: compro mi buena forma física acudiendo a un gimnasio de *fitness*; compro mi iluminación espiritual asistiendo a cursos de meditación trascendental; compro mi imagen pública acudiendo a restaurantes frecuentados por personas con las que quiero que se me asocie...

Aunque este cambio puede parecer una ruptura con la economía de capitalista de mercado, cabe aducir que, por el contrario, conduce su lógica a un punto culminante ulterior. La economía industrial de mercado implica el desajuste temporal entre la adquisición de una mercancía y su consumo: desde el punto de vista del vendedor, el asunto ha terminado en el momento en que vende su mercancía, ya que lo que suceda luego (qué hace el comprador con ella, la consumición directa de la mercancía) no le concierne; en la mercantilización de la experiencia, este desajuste se ha colmado, *el consumo mismo es la compra de la mercancía*. Sin embargo, la posibilidad de colmar el desajuste se inscribe cabalmente en la lógica nominalista de la sociedad moderna y de su comunidad. Lo que significa que, toda vez que el comprador compra una mercancía por su valor de uso y que este valor de uso puede descomponerse en sus componentes (cuando compro un Land Rover, lo hago para poder moverme yo mismo así como con las personas que me rodean, además de para indicar mi participación en un determinado estilo de vida asociado con el Land Rover), hay un paso lógico adicional que conduce a la mercantilización y la venta directa de estos componentes (alquilar el coche en vez de comprarlo, etc.). Así pues, al final del camino encontramos el hecho solipsista de la experiencia subjetiva: toda

---

[117] *Ibid.*, p. 173.
[118] Citado en Jeremy Rifkin, *ibid.*, p. 171.

vez que la experiencia subjetiva del consumo individual es el fin último de toda la producción, resulta lógico sortear el objeto para mercantilizar y vender directamente esta experiencia. Y tal vez, en lugar de interpretar esta mercantilización de las experiencias como el resultado del cambio de la modalidad dominante de la subjetividad (que pasa del sujeto clásico burgués centrado en la posesión de objetos al sujeto «proteico» posmoderno centrado en la riqueza de sus experiencias), debemos, por el contrario, concebir de suyo este sujeto proteico como el efecto de la mercantilización de las experiencias[119].

Por supuesto, esto nos obliga a reformular de arriba a abajo la temática marxista predominante de la «reificación» y del «fetichismo de la mercancía», en la medida en que esta temática sigue descansando en la idea de fetiche como objeto sólido cuya presencia estable ofusca su mediación social. Paradójicamente, el fetichismo llega a su culminación precisamente cuando el fetiche mismo se ha «desmaterializado», se ha convertido en una entidad virtual «inmaterial» y fluida; el fetichismo del dinero culminará con el paso a su forma electrónica, cuando desaparezcan las últimas huellas de su materialidad, ya que el dinero electrónico es, en realidad, la tercera forma de existencia del dinero, tras el dinero «de verdad», que encarna directamente su valor (oro, plata), y el papel moneda que, aun siendo un mero «signo» carente de valor intrínseco, sigue apegado a su existencia material. Sólo en esta fase, cuando el dinero se convierta en un punto de referencia puramente virtual, cobra finalmente la forma de una presencia espectral indestructible: te debo 1.000 $ y, por más billetes materiales que queme, te sigo debiendo 1.000 $, la deuda está apuntada en algún lugar del espacio digital virtual... Sólo con esta rigurosa «desmaterialización» la famosa y vieja tesis de Marx en el *Manifiesto comunista* que dice que, en el capitalismo, «todo lo sólido se evapora en el aire»[120], cobra una significado mucho más literal que el que Marx imaginaba, toda vez que no sólo nuestra realidad social material está dominada por el movimiento espectral/especulativo del capital, sino que esta realidad misma se ve paulatinamente «espectralizada» (el «yo proteico» en vez del viejo sujeto idéntico a sí mismo, la fluidez elusiva de sus experiencias en vez de la estabilidad de los objetos que se poseen), en definitiva, únicamente cuando se trastroca a la relación habitual entre los objetos materiales (sólidos) y las ideas (fluidas), esto es, cuando los objetos quedan disueltos paulatinamente en experiencias fluidas, mientras que las únicas cosas estables son las obligaciones simbólicas virtuales, cobra plena actualidad lo que Derrida denomina el carácter espectral del capitalismo[121].

---

[119] Para un intento de hacer valer los aspectos potencialmente liberadores del surgimiento del «sujeto proteico», véase Robert LIFTON, *The Protean Self: Human Resilience in an Age of Fragmentation*, Chicago, University of Chicago Press, 1999.

[120] Karl MARX y Friedrich ENGELS, *The Communist Manifesto*, Harmondsworth, Penguin Books, 1985, p. 83 [ed. cast.: *Manifiesto comunista*, Madrid, Ediciones Akal, 2001].

[121] Véase Jacques Derrida, *The Specters of Marx*, cit.

Sin embargo, por muy convincente que suene, la visión de Rifkin tiene sus limitaciones: recorre con excesiva rapidez el tránsito del orden «industrial» al «posindustrial», en el que (como no para de repetírsenos) el mercado y la propiedad ya no desempeñan un papel preponderante. ¿Y qué decir entonces del hecho manifiesto y omnipresente de que *el mercado sigue aquí*? En primer lugar, el énfasis del «capitalismo cultural» en la comercialización de las experiencias y no de los objetos tiene que descansar en una compleja infraestructura material (alimentación, maquinaria, etc.); en segundo lugar, las experiencias han de ser a su vez VENDIDAS y por ende COMERCIALIZADAS y hay personas que las POSEEN (en forma de *copyrights* o nombres de marca). De tal suerte que, en vez de afirmar que el mercado y la propiedad ya no desempeñan un papel decisivo, debemos sostener, por el contrario, que el carácter de la propiedad está cambiando: cada vez importa menos la propiedad de los objetos materiales, mientras que cobra cada vez más importancia la propiedad de las fórmulas «inmateriales» de las experiencias (*copyrights*, logos...).

La más penetrante y decisiva de las intuiciones que aquí utilizamos es que *el «capitalismo cultural» no es una totalidad*: para aferrarlo en su totalidad, tenemos que incluir ambos polos, la producción de experiencias culturales así como la producción material «efectiva». Lo que caracteriza al «capitalismo tardío» es la escisión entre la producción de experiencias culturales en cuanto tales y su base material (parcialmente invisible), entre el espectáculo (de la experiencia teatralizada) y los mecanismos de su puesta en escena; lejos de desaparecer, la producción material sigue entre nosotros, transmutada en mecanismo de soporte de la producción escénica. En la percepción ideológica de nuestros días, el trabajo (la labor manual contrapuesta a la actividad «simbólica» de la producción cultural) y no el sexo se presenta de suyo como el lugar de una obscena indecencia que ha de ocultarse a la mirada pública. La tradición que se remonta al *Rheingold* de Wagner y a la *Metrópolis* de Lang, la tradición en la que el proceso de trabajo se desenvuelve de forma subterránea, en oscuras covachas, culmina en nuestros días con la «invisibilidad» de millones de obreros anónimos que sudan en las fábricas del Tercer Mundo, de los *gulags* chinos a las líneas de montaje de Indonesia o Brasil. Occidente puede permitirse la cháchara sobre la «desaparición de la clase obrera», por más que no cueste discernir sus huellas a nuestro alrededor: basta con tomar nota de la inscripción «Made in... (China, Indonesia, Bangladesh, Guatemala)» que aparece en los productos de consumo masivo, desde los pantalones vaqueros a los *walkman*. Sin embargo, lo decisivo en esta tradición es la equiparación del trabajo con el *delito*, la idea de que la labor, el trabajo penoso, es desde el principio una actividad criminal indecente que no puede ser expuesta a la mirada pública. El único momento de las películas de Hollywood en el que vemos el proceso de producción en toda su intensidad es cuando el protagonista penetra en el escondite secreto del jefe de los malos y comprueba que allí se desenvuelve una intensa actividad laboral (destilación y envasado de drogas, construcción de un cohete que podría destruir Nueva York...). Cuando en una película de James Bond el jefe de los malos, después de capturar a Bond, le acompaña en un recorrido por su fábrica ilegal, ¿no es ése el momento en el que Hollywood se acerca en grado sumo a la orgullosa presentación de la producción de fábrica propia del realismo socialista? Y, por supuesto, la función de la intervención de Bond consiste en hacer estallar a petardazos este lugar de producción, permitiendo que volvamos a la apariencia cotidiana de nuestra existencia en un mundo en el que se ha consumado la «desaparición de la clase obrera»...

Hoy, las dos superpotencias, Estados Unidos y China, se relacionan entre sí cada vez más como capital y trabajo. Estados Unidos se está convirtiendo en un país de planificación de la gestión empresarial, financiera y de servicios, etc., mientras que su «clase obrera en desaparición» (salvo en el caso de los chicanos migrantes y de otros que trabajan sobre todo en la economía de servicios) reaparece en China, donde la mayor parte de los productos estadounidenses, desde los juguetes al *hardware* electrónico, se fabrican en condiciones ideales para la explotación capitalista: ausencia de huelgas, limitación de la libertad de movimiento de la fuerza de trabajo, salarios bajos... Así pues, lejos de ser sencillamente antagonistas, la relación entre Estados Unidos y China es profundamente simbiótica. La ironía de la historia es que China merece a pleno título el apelativo de «Estado obrero»: es el Estado de la clase obrera para el capital estadounidense. Aunque a Rifkin no se le escapa que la cibermercantilización de la experiencia del «capitalismo cultural» afecta únicamente al 20 por 100 de la humanidad, no desarrolla esta *codependencia estructural* entre este 20 por 100 y el restante 80 por 100.

Así pues, ¿dónde ubicamos no sólo los *sweatshops* del trabajo manual en el Tercer Mundo, sino los *sweatshops* DIGITALES, como el de Bangalore, donde decenas de miles de hindúes programan *software* para las corporaciones occidentales? ¿Resulta adecuado denominar a estos hindúes como el «proletariado intelectual»? ¿Serán la venganza final del Tercer Mundo? ¿Cuáles son las consecuencias del hecho inquietante (al menos para los alemanes conservadores) de que, después de llevar décadas importando cientos de miles de trabajadores manuales inmigrantes, Alemania descubre ahora que necesita al menos decenas de miles de trabajadores intelectuales inmigrantes, en su mayoría programadores informáticos? La alternativa paralizante del marxismo en nuestros días es la siguiente: ¿qué hacer ante la importancia creciente de la «producción inmaterial» hoy (cibertrabajadores)? ¿Insistimos en que sólo aquellos que trabajan en la producción material «real» son la clase obrera o damos el fatídico paso y aceptamos que los «trabajadores simbólicos» son hoy los (verdaderos) proletarios? Hemos de resistirnos a dar ese paso, porque ofusca la DIVISIÓN entre la producción inmaterial y la material, la ESCISIÓN de la clase obrera entre cibertrabajadores (por regla general, geográficamente separados) y los trabajadores materiales (programadores en Estados Unidos o India, los *sweatshops* en China o Indonesia).

Acaso sea la figura del DESEMPLEADO (PARADO) la que represente por excelencia al proletario puro de nuestros días: la determinación sustancial de los parados sigue siendo la de un obrero, pero se les impide materializarla O renunciar a la misma, de tal suerte que siguen suspendidos en la potencialidad de trabajadores que no pueden trabajar. En cierto sentido, tal vez hoy seamos «todos parados»: los empleos tienden cada vez más a basarse en contratos temporales, de tal suerte que la condición de parado es la regla, el grado cero, mientras que el empleo temporal es la excepción. Así pues, ésta debe ser la respuesta a los defensores de la «sociedad posindustrial» cuyo mensaje a los trabajadores les dice que están acabados, que su existencia es obsoleta y que no pueden esperar otra cosa que una compasión de tipo puramente humanitaria: cada vez hay menos sitio para los obreros en el universo del CAPITAL de nuestros días, y de este hecho hay que extraer la única conclusión coherente. Si la sociedad «posindustrial» de hoy necesita cada vez menos trabajadores para reproducirse (el 20 por 100 de la fuerza de trabajo, según algunos estudios), entonces *lo que sobra no son los trabajadores, sino el capital mismo.*

Esta limitación de la concepción de Rifkin explica también la debilidad de su propuesta de solución de esta crisis: casi se puede tocar con las manos la distancia existente entre la notable primera parte de su libro y la «regresión» a la jerga de la *New Age* posmoderna de su segunda parte. La premisa de Rifkin es la cultura como la tierra común de la existencia humana que precede a la economía: para poder producir e intercambiar objetos, tenemos que compartir de antemano un espacio común de compresión cultural, hasta tal punto que, en última instancia, toda producción material llega a parasitar este suelo. Por consiguiente, cuando el mercado amenaza con colonizar y engullir la cultura, drena sin saberlo sus propios recursos; se trata entonces de encontrar un nuevo equilibrio entre el mercado y la cultura, revitalizando la sociedad civil y la vida comunitaria, afirmando su autonomía contra las fuerzas del mercado... Esta seudosolución nos recuerda insistentemente la charla seudoriental de la *New Age* sobre la necesidad de conseguir un equilibrio entre principios contrarios, en este caso entre la economía de mercado y sus fundamentos culturales.

X   Contra la pospolítica

Así pues, ¿qué tiene que ver Lenin con todo esto? De hacer caso a la *doxa* dominante, en los años posteriores a la Revolución de Octubre la pérdida de confianza de Lenin en las capacidades creativas de las masas le condujo a hacer hincapié en el papel de la ciencia y de los científicos, a apoyarse en la autoridad del experto: saludó «el comienzo de una época feliz en la que la política habría de pasar a un segundo plano [...] y los ingenieros y los agrónomos llevarán la voz cantante»[122]. ¿Una pospolítica tecnocrática? Las ideas de Lenin acerca de la necesidad de que el camino hacia el socialismo pase por el terreno del capitalismo monopolista pueden aparecer hoy peligrosamente ingenuas:

> El capitalismo ha creado un *aparato* de contabilidad en forma de bancos, sindicatos, servicios de correo, sociedades de consumo y sindicatos de funcionarios. *Sin los grandes bancos el socialismo sería imposible* [...]. Nuestra tarea consiste a este respecto en *podar* lo que *mutila en términos capitalistas* este excelente aparato, en hacerlo *aún mayor*, aún más democrático, aún más completo [...]. Esto se traduce en la *teneduría* contable de ámbito nacional, en la *contabilidad* nacional de la producción y distribución de bienes, se traduce, por así decirlo, en algo parecido al *esqueleto* de la sociedad socialista[123].

¿No es ésta la expresión más radical de la idea marxiana del *general intellect* que regula de modo transparente toda la vida social, del mundo pospolítico en el que la «administración de las personas» deja su sitio a la «administración de las cosas»? Por supues-

---

[122] Citado en Neil HARDING, *Leninism*, Durham, Duke University Press, 1996, p. 168.
[123] Citado en *ibid.*, p. 146.

to, sería muy fácil aducir contra esta cita el tema de la «crítica de la razón instrumental» y del «mundo administrado» [*verwaltete Welt*]: los potenciales «totalitarios» se inscriben de suyo en esta forma de control social total. No cuesta advertir sarcásticamente que en la época estalinista el aparato de administración social se hizo, en efecto, «mayor aún». Además, ¿no es acaso esta concepción pospolítica exactamente contraria a la idea maoísta de la eternidad de la lucha de clases («todo es político»)?

Sin embargo, ¿las cosas son verdaderamente tan inequívocas? ¿Y si sustituimos el ejemplo (evidentemente caduco) del banco central por la World Wide Web, candidata perfecta en nuestros días al *general intellect*? Dorothy Sayers sostenía que la *Poética* de Aristóteles es, en realidad, la teoría de las novelas policiacas *avant la lettre* y, dado que el pobre Aristóteles no conocía las novelas policiacas, tuvo que acudir a los pocos ejemplos que tenía a mano, las tragedias...[124] Con arreglo a esta interpretación, en realidad Lenin estaba desarrollando la teoría del papel de la World Wide Web, pero, como no conocía la WWW, tuvo que acudir a los inoportunos bancos centrales. Por consiguiente, ¿cabría decir también que «*sin la World Wide Web el socialismo sería imposible* [...]. Nuestra tarea a este respecto consiste en *podar* lo que *mutila en términos capitalistas* este excelente aparato, para hacerlo *aún más grande*, aún más democrático, aún más completo»? En estas condiciones, nos vemos tentados a resucitar la vieja, oprobiosa y medio olvidada dialéctica marxista entre las fuerzas productivas y las relaciones de producción: ya es un lugar común afirmar que, irónicamente, fue esta dialéctica misma la que enterró al socialismo realmente existente: el socialismo no pudo aguantar la transición de la economía industrial a la posindustrial. Una de las víctimas tragicómicas de la desintegración del socialismo en la ex Yugoslavia fue un viejo *apparatchik* comunista entrevistado en la radio estudiantil de Ljubljana en 1988. Los comunistas sabían que estaban perdiendo el poder, ante lo cual trataron desesperadamente de agradar a todo el mundo. Cuando este viejo cuadro tuvo que responder a las provocadoras preguntas acerca de su vida sexual que le hicieron los locutores estudiantiles, trató de demostrar desesperadamente que estaba en contacto con la generación joven; sin embargo, como el único lenguaje del que disponía era la *langue de bois* burocrática, el resultado fue una mezcla asombrosamente obscena, esto es, afirmaciones como: «la sexualidad es una parte importante de mi actividad diaria. Tocar la entrepierna de mi mujer me ofrece nuevos incentivos para mi labor de construcción del socialismo». Y, cuando leemos los documentos oficiales de Alemania del Este correspondientes a las décadas de los setenta y ochenta, en los que se formula su proyecto de conversión de la RDA en una especie de Silicon Valley del bloque socialista de Europa del Este, no podemos evitar la impresión del mismo desajuste tragicómico entre forma y contenido: aunque eran plena-

---

[124] Véase Dorothy L. SAYERS, «Aristotle on Detective Fiction», *Unpopular Opinions*, Nueva York, Harcourt, Brace and Company, 1947, pp. 222-236.

mente conscientes de que la digitalización era el camino hacia el futuro, la abordaron en los términos de la vieja lógica socialista de la planificación industrial, mientras sus palabras mismas delataban el hecho de que no se enteraban de lo que estaba ocurriendo en realidad, de las consecuencias sociales de la digitalización... No obstante, ¿proporciona verdaderamente el capitalismo el marco «natural» de las relaciones de producción del universo digital? ¿No hay en la World Wide Web un potencial explosivo también para el capitalismo? ¿La lección del monopolio de Microsoft no es precisamente la lección leninista: en vez de luchar contra su monopolio con el aparato del Estado (recordemos la partición de la Microsoft Corporation ordenada por los tribunales), no sería más «lógico» limitarse a SOCIALIZARLO, a permitir el libre acceso al mismo? Hoy nos vemos tentados a parafrasear el conocido lema de Lenin: «Socialismo = electrificación + el poder de los soviets»: «Socialismo = libre acceso a internet + *poder de los soviets*». (El segundo elemento es crucial, ya que especifica la única organización social en la que internet puede desplegar sus potenciales de liberación; sin ella, volveríamos a una nueva versión del tosco determinismo tecnológico.)

Así pues, el antagonismo crucial de las denominadas nuevas industrias (digitales) es el siguiente: ¿cómo conservar la forma de la propiedad (privada), único marco en el que puede conservarse la lógica del beneficio (véase también el problema de Napster, la libre circulación de la música)? ¿Y no apuntan las dificultades legales de la biogenética en la misma dirección? El elemento clave de los nuevos acuerdos comerciales internacionales es la «protección de la propiedad intelectual»: cuando, en una fusión, una compañía del Primer Mundo se apodera de otra del Tercer Mundo, lo primero que hacen es cerrar el departamento de investigación. A este respecto aparecen fenómenos que conducen a la idea de propiedad a extraordinarias paradojas dialécticas: en India, las comunidades locales descubrieron de repente que las prácticas médicas y los materiales que llevaban utilizando durante siglos eran ahora propiedad de las compañías estadounidenses, por lo que tenían que comprárselos a ellos; con la compañías biogenéticas que patentan genes, todos descubrimos que partes de nosotros, nuestros componentes genéticos, ya tienen un *copyright*, que son propiedad de otros...

El resultado de esta crisis de la propiedad privada de los medios de producción no está garantizado en absoluto. A ESTE RESPECTO hay que tener en cuenta la paradoja última de la sociedad estalinista: a diferencia del capitalismo que supone la sociedad de clases, pero que en principio es igualitario, sin divisiones jerárquicas directas, el estalinismo «maduro» es una sociedad sin clases articulada en grupos jerárquicos precisamente definidos (la alta *nomenklatura*, la inteligencia técnica, el ejército...). Esto significa que ya con el estalinismo la idea marxista clásica de la lucha de clases no es adecuada para describir su jerarquía y su dominación: en la Unión Soviética, desde finales de los veinte en adelante, la división social clave no estaba definida por la propiedad, sino por el acceso directo a los mecanismos de poder y a las condiciones materiales y culturales de vida privilegiadas (alimentación, alojamiento, sanidad, libertad para viajar, educación). Y acaso la ironía final de la historia sea que, al igual que la concepción del «socialismo del banco central» sólo puede leerse correctamente de forma retroactiva, desde el punto de vista de la World Wide Web de nuestros días, la Unión Soviética proporcionó el primer modelo de la sociedad desarrollada de la «pospropiedad», del verdadero «capitalismo tardío» en el que la clase dominante se definirá por el acceso directo a los medios (informáticos, administrativos) de poder y control sociales así como a otros privilegios materiales y sociales: lo importante ya no será poseer compañías, sino dirigirlas directamente, tener el derecho a usar un *jet* privado, tener acceso a una sanidad de altísima calidad, etc., privilegios todos ellos que no conseguirán a través de la propiedad, sino mediante otros mecanismos (educativos, de gestión empresarial, etcétera).

Ésta es la crisis que se prepara y que ofrecerá la perspectiva de una nueva lucha emancipatoria, de la reinvención meticulosa de la política: ya no se tratará de la vieja alternativa marxista entre la propiedad privada y su socialización, sino de la alternativa entre la sociedad de la pospropiedad de tipo jerárquico y la de la igualdad. A este respecto, la vieja tesis marxista que dice que la libertad y la igualdad burguesas se basan en la propiedad privada y en las condiciones del mercado cobra un giro inesperado: lo que las relaciones de mercado nos permiten son (al menos) la libertad «formal» y la igualdad «legal»: toda vez que la jerarquía social puede sostenerse gracias a la propiedad, no hay ninguna necesidad de afirmarla directamente en términos políticos. Y, si, entonces, disminuye la importancia de la propiedad, el peligro consiste en que esta desaparición gradual cree la necesidad de alguna nueva forma de jerarquía (racista o fundada en el poder de los expertos), basada directamente en las propiedades de los individuos, eliminando así incluso la igualdad y la libertad «formales». En definitiva, a medida que el factor determinante del poder social pase a ser la inclusión/exclusión del grupo privilegiado (del acceso al conocimiento, al control, etc.), cabe esperar el aumento de los diferentes modos de la exclusión, hasta llegar al racismo directo. En última instancia, el problema de la ingeniería genética no consiste en sus consecuencias impredecibles (¿qué sucedería si creáramos monstruos, por ejemplo, seres humanos sin sentido de la responsabilidad moral?), sino en el modo en que la ingeniería biogenética afecta fundamentalmente a nuestra idea de la educación: en vez de educar a un niño para que sea un buen músico, ¿será posible manipular sus genes para que se sienta «espontáneamente» inclinado a la música? En vez de inculcarle un sentido de la disciplina, ¿será posible manipular sus genes para que tienda a obedecer «espontáneamente» a las órdenes? A este respecto, la situación se presenta completamente abierta: si surgen paulatinamente dos clases de personas, las «nacidas de forma natural» y las genéticamente manipuladas, sin que se haya dilucidado de antemano cuáles habrán de ocupar el grado más alto de la jerarquía social, ¿considerarán los «naturales» a los manipulados como meras herramientas y no verdaderos seres humanos, o serán los manipulados, mucho más perfectos, los que consideren que los «naturales» pertenecen a un escalafón más bajo de la evolución?

Así pues, la batalla que se prepara nos sitúa ante una urgencia inaudita de actuar, ya que no sólo tendrá que ver con un nuevo modo de producción, sino con una ruptura radical de lo que significa ser humanos. Hoy todavía podemos discernir los signos de una especie de malestar general que lleva el nombre de «Seattle». La luna de miel de diez años del capitalismo global ha terminado, al final llegó la *seven years itch**: dan fe de ello las reacciones asustadizas de los grandes *media* que, desde la revista *Time* a la CNN, no tardaron un instante en alertar del peligro de la manipulación marxista de la muchedumbre de manifestantes «honrados». El problema es ahora rigurosamente el problema leninista: ¿cómo HACER REALIDAD las acusaciones de los *media*? ¿Cómo inventar la estructura organizativa que confiera a ese malestar la FORMA de la exigencia política universal? De lo contrario, se perderá la ocasión y lo que quedará será el tumulto marginal, tal vez organizado como un nuevo Greenpeace, dotado de una cierta eficacia, pero también con objetivos rigurosamente delimitados, estrategias de *marketing*, etc. En definitiva, sin la forma del partido, el movimiento permanece atrapado en el círculo vicioso de la «resistencia», uno de los grandes tópicos de la política «posmoderna» que suele contraponer la «buena» resistencia al poder con la «mala» toma revolucionaria del poder: lo último que desearíamos ver es una domesticación de la antiglobalización que la convirtiera en un «punto de resistencia» más al capitalismo... Por consiguiente, la lección «leninista» crucial es la siguiente: la política sin la FORMA organizativa del partido es la política sin política, tan es así que la respuesta a aquellos que no quieren ver otra cosa que los (justamente llamados) «nuevos movimientos SOCIALES» es la misma que dieron los jacobinos a los girondinos contemporizadores: «¡Queréis una revolución sin revolución!». El bloqueo que vivimos hoy se debe a que son dos los caminos posibles para el compromiso social y político: o se juega el juego del sistema, emprendiendo la «larga marcha a través de las instituciones», o se interviene en los nuevos movimientos sociales, desde el feminismo al antirracismo, pasando por la ecología. De esta suerte, una vez más, el límite de estos movimientos es que no son POLÍTICOS en el sentido de un singular universal: son «movimientos de un solo tema» que carecen de la dimensión de la universalidad, es decir, que no se relacionan con la TOTALIDAD social.

El rasgo clave de esta totalidad es que es estructuralmente inconsistente. Ya Marx detectó esa inconsistencia cuando, en su *Contribución a la crítica de la filosofía del derecho de Hegel*, bosquejó la lógica de la hegemonía: en el ápice del entusiasmo revolucionario, surge una «clase universal», esto es, una clase particular se impone como uni-

---

* Con esta expresión se alude a la sensación de monotonía y aburrimiento que sobreviene después de estar siete años con la misma pareja. [*N. de la T.*]

versal y de tal suerte engendra un entusiasmo global, ya que representa a la sociedad EN CUANTO TAL contra el *Ancien régime*, el crimen antisocial EN CUANTO TAL (como la burguesía en la Revolución Francesa). De aquí se desprende la desilusión descrita con sarcasmo por Marx: el día después, la distancia entre lo universal y lo particular se torna de nuevo manifiesta, y el vulgar beneficio capitalista surge como la realización de la libertad universal, etc.[125] Por supuesto, para Marx la única clase universal cuya singularidad (la exclusión de la sociedad de la propiedad) garantiza su universalidad REAL es el proletariado. Ernesto Laclau rechaza esto último en su versión de la lógica de la hegemonía: para Laclau, el cortocircuito entre lo universal y lo particular es SIEMPRE ilusorio, temporal, una especie de «paralogismo trascendental»[126]. Sin embargo, ¿es realmente el proletariado de Marx el negativo de la humanidad esencial plena y positiva, o «sólo» la brecha de la universalidad EN CUANTO TAL, irrecuperable para cualquier positividad?[127] En palabras de Alain Badiou, el proletariado no es una clase PARTICULAR más, sino una SINGULARIDAD de la estructura social y, EN CUANTO TAL, la clase universal, la no clase entre las clases.

Aquí resulta decisiva la tensión propiamente temporal-dialéctica entre lo universal y lo particular. Cuando Marx dice que en Alemania la mezquindad contemporizadora de la burguesía la condujo a perder la ocasión de su emancipación parcial burguesa y que, por ello, en Alemania la condición de toda emancipación parcial es la emancipación UNIVERSAL, cabe leer esto como la afirmación del paradigma universal «normal» y de su excepción: en el caso «normal», la emancipación parcial burguesa (falsa) dará paso a la emancipación universal mediante la revolución proletaria, mientras que en Alemania se trastoca el orden «normal». Sin embargo, cabe otra forma de lectura mucho más radical: la excepción alemana misma, la incapacidad de la burguesía para llevar a cabo la emancipación parcial abre el espacio para la posible emancipación UNIVERSAL. De esta suerte, la dimensión de la universalidad surge (sólo) allí donde el orden «normal» que concatena la sucesión de los particulares se ve perturbado. De ahí que no pueda haber ninguna revolución «normal», que CADA explosión revolucionaria

---

[125] Véase Karl MARX, «A Contribution to the Critique of Hegel's Philosophy of Right», *Early Writings*, Nueva York, Vintage, 1975, p. 244 [ed. cast.: «Contribución a la crítica de la filosofía del derecho de Hegel», *Manuscritos de París. Anuarios francoalemanes. 1844*, OME-5, Barcelona, Crítica, 1978].

[126] Véase Ernesto LACLAU, «The Politics of Rethoric», intervención en el congreso *Culture and Materiality*, Universad de California, Davis, 23-25 abril de 1998. Cuando los filósofos políticos posmodernos insisten en la paradoja de la democracia, en que la democracia sólo es posible sobre el fondo de su imposibilidad, ¿no reproducen las paradojas de la razón práctica de Kant identificadas hace mucho tiempo por Hegel?

[127] Véase el comentario de Eustache Kouvelakis a la *Introduction à la Critique de la philosophie du droit de Hegel*, París, Ellipses, 2000.

parta de una excepción, en un cortocircuito entre el «demasiado tarde» y el «demasiado pronto». La Revolución Francesa se produjo porque Francia no pudo seguir el camino «normal» del desarrollo capitalista de Inglaterra; el camino «normal» inglés condujo de suyo a la división del trabajo, «contraria a la naturaleza», entre los capitalistas que detentan el poder socioeconómico y la aristocracia que conserva el poder político. Y, según Marx, Alemania produjo del mismo modo la novísima revolución del pensamiento (la filosofía del idealismo alemán como equivalente filosófico de la Revolución Francesa) precisamente PORQUE no tuvo revolución política.

La necesidad estructural de esta no contemporaneidad, de esta discrepancia, se echa de menos en Habermas: el contenido básico de su idea de la «modernidad como proyecto inacabado» consiste en que el proyecto de la modernidad contenía dos facetas, el desarrollo de la «razón instrumental» (manipulación científico-tecnológica y dominación de la naturaleza) y el surgimiento de la comunicación intersubjetiva libre de constricciones; hasta el momento, sólo se ha desarrollado la primera faceta, de tal suerte que nuestra tarea consiste en consumar el proyecto de la modernidad realizando también las potencialidades de la primera faceta. Sin embargo, ¿qué sucedería si esta discrepancia fuera estructural? ¿Si no bastara con complementar la razón instrumental con la razón comunicativa, porque la preponderancia de la razón instrumental es constitutiva de la razón moderna en cuanto tal? Habermas es totalmente coherente cuando aplica la misma lógica a la globalización actual, siendo su tesis la de la «globalización como proyecto inacabado»: «la discrepancia entre la progresiva integración económica y la integración política» que se retrasa sólo puede superarse mediante una política que aspire a construir una capacidad mucho más alta de intervención política capaz de seguir el ritmo de los mercados desregulados[128]. En definitiva, no hay ninguna necesidad de luchar directamente contra la globalización capitalista, basta con completarla con una globalización política apropiada (una autoridad política central más poderosa en Estrasburgo, la imposición de una legislación social de ámbito europeo, etc.). Sin embargo, ¿qué sucedería si, de nuevo, no fuera suficiente completar el capitalismo moderno que genera la globalización económica con la globalización política? ¿Si tal extensión de la globalización al proyecto político nos obligara a reformular radicalmente los contornos mismos de la globalización económica?[129]

A fin de cuentas, la actitud básica de Habermas consiste nada menos que en *el rechazo del siglo XX*, actuando como si el siglo XX, en lo que tuvo de dimensión específica, NO

---

[128] Jürgen HABERMAS, «Warum braucht Europa eine Verfassung?», *Die Zeit* (29 de junio de 2001), Feuilleton, p. 7.

[129] La verdad oculta de esta tesis de Habermas aflora en su franco eurocentrismo: no sorprenden las alabanzas de Habermas al «modo de vida» europeo, ni que caracterice el proyecto de la globalización política (de la construcción de una entidad política transnacional) como la culminación de la civilización europea.

HUBIESE ACONTECIDO, como si lo que en él sucedió no hubiera pasado de ser una serie de desviaciones contingentes, razón por la cual la narración conceptual subyacente –la del liberalismo democrático ilustrado en su progreso indefinido– podría continuar sin hacer referencia a las mismas[130]. En esta misma línea, para caracterizar la desaparición de los regímenes socialistas en los noventa, Habermas acuñó la expresión «revolución recuperante»[131]: Occidente (la democracia liberal occidental) no tiene nada que aprender de la experiencia comunista de Europa del Este, ya que, en la década de los noventa, estos países se pusieron a la altura del desarrollo social de los regímenes democrático-liberales occidentales. De este modo, Habermas cancela esta experiencia como meramente accidental, negando la existencia de toda relación estructural fundamental entre la democracia occidental y el ascenso del «totalitarismo», es decir, toda idea de que el «totalitarismo» es un síntoma de las tensiones internas del proyecto democrático mismo. Y otro tanto sucede con el tratamiento que Habermas reserva al fascismo: contra la idea de Adorno y Horkheimer de la «barbarie» fascista como resultado inherente a la «dialéctica de la Ilustración», los regímenes fascistas son para él una desviación contingente (un retraso, una regresión) que no afecta a la lógica fundamental de la modernización y de la Ilustración. De ahí que la tarea consista en abolir esta desviación y no en repensar el proyecto mismo de la Ilustración. Sin embargo, se trata de una victoria pírrica sobre el «totalitarismo»: lo que Habermas necesita aquí es una lección hitchcockiana (recordemos que Hitchcock decía que una película tiene tanto interés como el que consiga atraer el personaje del malo). Descartar el callejón sin salida «totalitario» como si se tratara de una desviación contingente nos deja en la cómoda (pero, en última instancia, *impotente*) posición de aquel que, impertérrito ante las catástrofes que le rodean, se aferra a la fundamental racionalidad del universo.

La promesa del movimiento de «Seattle» reside en el hecho de que pone EFECTIVAMENTE en tela de juicio el marco tácitamente aceptado por Habermas. Este movimiento es lo contrario de la imagen que de él proyectan los *media* (la «protesta antiglobalización»): es el primer núcleo de un nuevo movimiento GLOBAL, global en lo que atañe a su contenido (apunta a un enfrentamiento global con el capitalismo actual) así como a su forma (se trata de un movimiento global, una red móvil internacional preparada para intervenir de Seattle a Praga). Es MÁS GLOBAL que el «capitalismo global», toda vez que

---

[130] La última gran figura de este liberalismo fue Ernst Cassirer, de ahí que no sorprende la coincidencia de este reciente rechazo del siglo XX con el resurgimiento del interés por Cassirer en Alemania, ni que otros filósofos, no sólo Habermas, hayan planteado que tenemos que reconsiderar el famoso debate entre Cassirer y Heidegger de 1929 en Davos, que, con la «derrota» de Cassirer y la ruda negativa de Heidegger a dar la mano a su interlocutor al final del debate, señala el final filosófico del siglo XIX: ¿y si Heidegger no hubiera ganado?, ¿y si hubiéramos sido víctimas de una impresión errónea?

[131] Véase Jürgen HABERMAS, *Die nachholende Revolution*, Frankfurt am Main, Suhrkamp Verlang, 1990.

hace intervenir a sus víctimas, es decir, a los EXCLUIDOS por la globalización capitalista, así como a aquellos que quedan incluidos en ésta de un modo que les reduce a la miseria proletaria[132]. Tal vez valga la pena arriesgarse aplicando aquí la vieja distinción hegeliana entre la universalidad «abstracta» y la «concreta»: la globalización capitalista es «abstracta», centrada en el movimiento especulativo del capital, mientras que el movimiento de «Seattle» representa la «universalidad concreta», es decir, la totalidad del capitalismo global Y de su cara oculta excluida. El mejor ejemplo de la *realidad* de la globalización capitalista es la victoria del grupo de presión nuclear en Rusia en junio de 2001, que impidió la decisión del Parlamento que establecía que Rusia importaría combustible nuclear de los países desarrollados occidentales.

A este respecto, resulta decisivo el reproche que Lenin hacía a los liberales: ellos sólo EXPLOTAN el malestar de las clases trabajadoras para fortalecer su posición con respecto a los conservadores, en vez de identificarse con aquéllas hasta el final[133]. Suelen evocar el racismo, la ecología, los agravios de los trabajadores, etc., para ganar puntos sobre los conservadores SIN PONER EN PELIGRO EL SISTEMA. Recordemos que en Seattle el propio Bill Clinton se dirigió hábilmente a los manifestantes que estaban en las calles, recordando a los dirigentes reunidos dentro de los palacios protegidos que debían escuchar el mensaje de los manifestantes (mensaje que, por supuesto, Clinton interpretó para despojarle de sus aristas subversivas, atribuidas a peligrosos extremistas que introdujeron el caos y la violencia entre la mayoría de manifestantes pacíficos). Esta actitud clintoniana se perfeccionó más tarde en una elaborada estrategia de contención basada en «el palo y la zanahoria»: por un lado, la paranoia (la idea de que entre bastidores acecha una oscura trama marxista); por otro lado, en Génova fue nada menos que Berlusconi el que proporcionó comida y alojamiento a los manifestantes antiglobalización, a condición de que «se comportaran correctamente» Y NO INTERRUMPIERAN los actos oficiales. Lo mismo sucede con todos los nuevos movimientos sociales, incluyendo a los zapatistas en Chiapas: la política sistémica está siempre dispuesta a «escuchar sus reivindicaciones», despojándoles de sus aristas políticas características. El sistema es, por definición, ecuménico, abierto, tolerante, dispuesto a «escuchar» a todo el mundo; aunque se insista en las propias reivindicaciones, éstas quedan despojadas de su acicate

---

[132] Indonesia es el mejor ejemplo de esta lógica de globalización: tras el ascenso al poder de Suharto en 1965, los inversores extranjeros comenzaron a inundar el país buscando fuerza de trabajo barata; esta fuerza de trabajo estuvo a su disposición después de que compañías extranjeras compraran zonas de tierra fértil en las que implantaron cultivos para la exportación (caucho, piñas) en vez de alimentos para el consumo local. De esta suerte, la población local entró en una doble dependencia de los países extranjeros: trabajan para compañías extranjeras y comen alimentos importados...

[133] Debo esta observación a la intervención de Alan Shandro en «Lenin and the Logic of Hegemony», ponencia presentada en el congreso *The Retrieval of Lenin*.

político universal a causa de la forma misma de la negociación. La verdadera Tercera Vía que tenemos que buscar es *esta* tercera vía entre la política parlamentaria institucionalizada y los nuevos movimientos sociales.

El verdadero envite de las luchas políticas de hoy es éste: ¿cuál de los viejos dos grandes partidos, conservadores o «izquierda moderada», conseguirá presentarse como la verdadera encarnación del espíritu postideológico, contra el otro partido, descartado por «seguir anclado en los viejos espectros ideológicos»? Si la década de los ochenta fue de los conservadores, la lección de la de los noventa parecía enseñar que, en nuestras sociedades del capitalismo tardío, la socialdemocracia de la Tercera Vía (o incluso, directamente, los poscomunistas en los países ex socialistas) funciona en la práctica como la representante del capital EN CUANTO TAL, en su totalidad, contra sus facciones particulares, representadas por los distintos partidos «conservadores», los que a su vez, para presentarse como partidos que se dirigen a toda la población, también intentan satisfacer las reivindicaciones particulares de los estratos anticapitalistas (por ejemplo, de los trabajadores autóctonos «patriotas» de clase media, amenazados por el trabajo barato de los inmigrantes: recordemos que la CDU lanzó, contra la propuesta socialdemócrata de contratación en Alemania de unos 50.000 programadores informáticos hindúes, el eslogan infame de *Kinder statt Inder!* [«¡Más niños y menos indios!»]). Esta constelación económica explica en buena medida cómo y por qué los socialdemócratas de la Tercera Vía pueden representar al mismo tiempo los intereses del gran capital y la tolerancia multicultural que aspira a proteger los intereses de las minorías extranjeras.

El sueño de la Tercera Vía de la izquierda pensaba que el pacto con el diablo podía funcionar: de acuerdo, nada de revolución, aceptamos el capitalismo como el único juego posible, pero al menos habrá que poder salvar algunas de las conquistas del Estado del bienestar a la par que construimos una sociedad tolerante con las minorías sexuales, religiosas y étnicas. De confirmarse la tendencia que apunta la victoria de Berlusconi en Italia, cabe adivinar en el horizonte una perspectiva mucho más oscura: un mundo en el que el dominio ilimitado del capital no se ve compensado con la tolerancia liberal de izquierdas, sino por la característica mezcolanza posmoderna del puro espectáculo publicitario y de las preocupaciones de la «mayoría moral» (¡no olvidemos que el Vaticano dio su apoyo tácito a Berlusconi!). El futuro inmediato no pertenece a los provocadores ultraderechistas declarados como Le Pen o Pat Buchanan, sino a personas como Berlusconi y Haider: estos defensores del capital global enfundados en la piel de lobo del nacionalismo populista. En la lucha entre éstos y la izquierda de la Tercera Vía se decide quién es más eficaz a la hora de contrarrestar los excesos del capitalismo global: la tolerancia multicultural de la Tercera Vía o la homofobia populista. ¿Habrá de ser esta aburrida alternativa la respuesta europea a la globalización?

XI

Ideologie heute[*]

La llegada de la pospolítica, que se legitima por su carácter «postideológico», nos obliga a redefinir los términos mismos de la ideología. En una de las primeras películas de los Hermanos Marx, encontramos la divertida escena del «¿Por qué un pato?»: Groucho le dice a Chico que tienen que reunirse con alguien en un viaducto, y Chico pregunta: «¿Por qué un pato?»; cuando Groucho le explica que un viaducto es un largo puente sobre un valle, Chico continúa: «¿Por qué un pato?», ante lo cual Groucho continúa explicando: «Ya sabes, ¡un puente! Debajo del puente hay una pradera verde...». «¿Por qué un pato?», repite Chico. Y el intercambio sigue: «En medio de la pradera hay un estanque». «En el estanque nadan algunos patos...» «¡Ah, eso explica el porqué del pato!», exclama triunfal Chico, creyendo haberlo entendido todo, como sucede a menudo con la legitimación ideológica. Conforme a una extravagante etimología, aquí se explica la designación de un nombre por el significado literal de sus partes: ¿por qué un pato? Porque hay patos nadando en el estanque de debajo... El rasgo determinante consiste aquí en que *la pregunta (acerca del porqué de este nombre) se inscribe en el nombre mismo.* Como sabemos, la palabra *kangaroo* [«canguro»] es el fruto de un malentendido similar: cuando los primeros exploradores blancos de Australia preguntaron a los aborígenes «¿qué es esto?», señalando a un canguro que se encontraba cerca, respondieron «kangaroo», que en su lengua significa «¿qué queréis?», mientras que los exploradores confundieron esta pregunta con el nombre del canguro. Si, además, esta confusión de la pregunta con una expresión positiva, esta incapacidad para reconocer la pregunta, es uno de los procedimientos habituales del desconocimiento ideológico, entonces la fatuidad misma del diálogo de los Hermanos Marx despliega una dimensión crítico-ideológica, en la medida en que reintroduce la

[*] «La ideología en la actualidad». [*N. de la T.*]

117

dimensión de una pregunta en lo que se presenta como una designación positiva: «via-ducto» es en realidad «¿por qué un pato?». ¿No descansa acaso la lógica del antisemitis-mo en un desconocimiento parecido?: mientras que «(la figura antisemita del) judío» parece designar directamente un determinado grupo étnico, en realidad se limita a cifrar una serie de preguntas: «¿por qué estamos explotados?, ¿por qué se resquebrajan las vie-jas costumbres?», etc., a las que «la trama judía» se ofrece como la apariencia de una res-puesta. Dicho de otra manera, el primer gesto de la crítica del antisemitismo consiste en leer «judío» como «¿por qué un judío?»... En el lenguaje coloquial estadounidense, la expresión del béisbol *who's on first?** comenzó a funcionar también como una respuesta en forma de pregunta después de que en una comedia de Abott y Costello la expresión se confundiera con una proposición afirmativa.

Cuando Christopher Hitchens abordó la difícil cuestión de qué pueden pensar real-mente los norcoreanos de su «venerado líder» Kim Yong Il, expuso la que cabe consi-derar como la definición más sucinta de ideología: «La desilusión de masas es lo único que conserva la cordura de un pueblo»[134]. Esta paradoja indica la escisión fetichista en el corazón mismo de una ideología que funciona en la realidad: los individuos trasladan su creencia al gran Otro (encarnado en lo colectivo), que de esta suerte cree en su lugar; de resultas de lo cual los individuos permanecen cuerdos en tanto que indivi-duos, conservando la distancia con el «gran Otro» del discurso oficial. Los individuos se volverían locos no sólo a causa de la identificación directa con la «desilusión» ideo-lógica, sino también a causa de la suspensión de su creencia (rechazada, desplazada). Dicho de otra manera, si los individuos se vieran despojados de esta creencia (proyec-tada en el «gran Otro»), tendrían que dar el salto y *adoptar la creencia ellos mismos*. (Tal vez esto explique la paradoja de que muchos cínicos se conviertan en sinceros creyen-tes en el preciso momento en que se desintegra la creencia «oficial».) Este desajuste necesario de la identificación nos permite localizar la agencia del *superyo*: el superyo surge como resultado de la interpelación fallida: me reconozco como un cristiano, pero en mi fuero interno no creo en ello de verdad, y esta conciencia de la no aceptación plena de mi identidad simbólica interpelada retorna como la presión culpable del super-yo. Sin embargo, ¿no oculta esta lógica su exacto contrario? En un plano «más profun-do», el superyo permite la expresión de la culpa, de una traición que atañe al acto de interpelación *en cuanto tal*: la interpelación en tanto que identificación simbólica con el ideal del yo es en cuanto tal un compromiso, una forma de «dar salida al propio deseo». La culpa de no ser un verdadero cristiano funciona como la presión del super-yo sólo en la medida en que descansa en una culpa «más profunda» de comprometer el propio deseo declarándose cristiano ante todo...

---

* En la jerga del béisbol, «¿Quién está en la primera (base)?». *[N. de la T.]*

[134] Christopher HITCHENS, «Visit To a Small Planet», *Vanity Fair* (enero de 2001), p. 24.

Lacan apuntaba en esta dirección cuando afirmaba que la verdadera fórmula del materialismo no es «Dios no existe», sino «Dios es inconsciente». Basta con recordar lo que, en una carta a Max Brod, Milena Jesenska escribía acerca de Kafka: «Por encima de todo, cosas como el dinero, la bolsa, el manejo de las divisas, la máquina de escribir son para él completamente místicas (y en efecto lo son, sólo que no para nosotros, sino para los demás)»[135]. Debemos cotejar esta afirmación con el análisis marxiano del fetichismo de la mercancía: la ilusión fetichista descansa en nuestra vida social real y no en nuestra percepción de la misma, dado que un sujeto burgués sabe perfectamente que el dinero nada tiene de mágico, que el dinero no es más que un objeto que representa un conjunto de relaciones sociales, pero así y todo ACTÚA en la vida real como si hubiera que creer que el dinero es mágico. Así pues, esto nos ofrece una imagen perspicaz del universo de Kafka: Kafka fue capaz de experimentar directamente aquellas creencias fantasmáticas que nosotros, las personas «normales», rechazamos: a esta «magia» de Kafka solía referirse Marx como los «caprichos teológicos» de las mercancías[136]. No hay que confundir el «Dios es inconsciente» con la tesis contraria de la *New Age* jungiana que dice que «el inconsciente es Dios»: la diferencia entre ambas, la de la inversión hegeliana del sujeto y el predicado, atañe a la oposición entre lo falso y lo verdadero. (Esta oposición es la misma que la que existe entre «el sueño es la vida» y «la vida es sueño»: mientras que el primer enunciado apunta a una afirmación nietzscheana del sueño como vigorosa experiencia vital, el segundo expresa la actitud de desesperación melancólica *à la* Calderón: nuestra vida no es más que un sueño inútil, una pálida sombra carente de sustancia...) El «Dios es inconsciente» señala la Mentira fundamental que permite la unidad fantasmática de una persona: lo que encontramos cuando sondeamos el núcleo más íntimo de nuestra personalidad no es nuestro verdadero yo, sino la mentira primordial *[proton pseudos]*: en secreto, todos creemos en el «gran Otro». En contraposición, «el inconsciente es Dios» significa que la Verdad divina descansa en la profundidad inexplorada de nuestra personalidad: Dios es la sustancia espiritual más íntima de nuestro ser, que encontramos cuando penetramos en nuestro verdadero yo[137].

---

[135] Citado en Jana CERNA, *Kafka's Milena*, Evanston, Northwestern University Press, 1993, p. 174.

[136] El último ejemplo, no ya del fetichismo de la mercancía, sino, en términos mucho más literales, del fetichismo mismo mercantilizado, podemos encontrarlo hoy en Japón, donde en las máquinas distribuidoras pueden comprarse, además de latas de cola y alimentos precocinados, medias usadas –así reza la garantía– por chicas jóvenes.

[137] Por otra parte, en la medida en que el Inconsciente es, desde esta perspectiva jungiana, un enorme sistema fundamental oculto que nutre la conciencia, no causa sorpresa que fuera el propio Jung, quien, mucho antes de Deleuze, lo haya designado explícitamente como un *rizoma*: «La vida siempre me ha parecido como una planta que vive en su rizoma. Su verdadera vida es invisible, oculta en el rizoma [...]. Lo que vemos es la flor, que pasa. El rizoma permanece». Carl Gustav JUNG, *Memoirs, Dreams, Reflections*, Nueva York, Vintage Books, 1965, p. 4.

La idea de una fantasía inaccesible nos indica también el camino para responder a la fastidiosa objeción habitual contra la aplicación del psicoanálisis a los procesos socioideológicos: ¿es «legítimo» extender el uso de ideas que originalmente fueron concebidas para el tratamiento de individuos a entidades colectivas y hablar, por ejemplo, de la religión como de una «neurosis colectiva compulsiva»? El enfoque del psicoanálisis es completamente diferente: lo social, el campo de las prácticas sociales y de las creencias adoptadas socialmente, no es sólo un ámbito distinto de la experiencia individual, sino algo con lo que *el individuo tiene que relacionarse*, que *el individuo* tiene que experimentar como un orden que se presenta mínimamente «reificado», externalizado. Por lo tanto, el problema no consiste en «¿cómo saltar del ámbito individual al social?»; el problema consiste en lo siguiente: *¿cómo debe estructurarse el orden sociosimbólico descentrado de las prácticas y las creencias institucionalizadas para que el sujeto conserve la «cordura», su funcionamiento «normal»?* ¿Qué desilusiones habría que depositar allí para que los individuos conserven la cordura? Recordemos al egoísta característico, que desprecia cínicamente el sistema público de normas morales: por regla general, tal sujeto sólo puede funcionar si este sistema está «ahí fuera», reconocido públicamente, esto es, para ser un cínico privado, tiene que presuponer la existencia de otro(s) ingenuo(s) que «cree(n) de verdad»[138]. Este extraño poder de la creencia en una ficción simbólica a menudo produce un asombroso *je sais bien, mais quand même* [«ya lo sé, pero bueno»]...: aunque sepamos perfectamente que, en la conocida escena de *Salò o los 120 días de Sodoma*, de Pasolini, en la que los personajes comen mierda, los actores comían en realidad una mezcla deliciosa de miel con el mejor chocolate suizo, el efecto en el espectador (siempre, claro está, que no se trate de un coprófago) es con todo de repugnancia. Así debería emprenderse una verdadera «revolución cultural»: no eligiendo como blanco directo a los individuos, esforzándose por «reeducarlos», por «cambiar sus actitudes reaccionarias», sino despojando a los individuos del sostén del «gran Otro», del orden simbólico institucional.

Dicho de otra manera, una «revolución cultural» debe tener en cuenta el descentramiento intrínseco a todo proceso ideológico, en el que el ritual sin sentido tiene una primacía ontológica sobre el modo en que intentamos «darle algún sentido». A propósito de un intenso ritual religioso, constituye un tópico afirmar que nosotros, los obser-

---

[138] Toda vez que, por lo general, solemos contraponer la creencia (en valores, ideales, etc.) a la actitud cínica del «lo (único) que importa es el dinero», se debe hacer hincapié en el hecho manifiesto (y, por ende, olvidado en tantísimas ocasiones) de que *el dinero es creencia en su forma más pura y radical*: sólo funciona confiando en el vínculo social. En sí mismo, el dinero es un trozo de papel carente de valor (o, con la llegada del dinero electrónico, ni siquiera esto): en última instancia, su estatuto es, en el fondo, el de la obligación simbólica: si las personas ya no «creen en él», deja de funcionar. Incluso en el caso del oro, la encarnación de la «riqueza real», no se debe olvidar que carece de valor de uso, que su valor es puramente reflexivo, el resultado de la CREENCIA de las personas en su valor.

vadores externos, nunca podremos interpretarlo correctamente, ya que sólo aquellos que están directamente inmersos en el mundo de la vida del que forma parte este ritual pueden entender su significado. Desde el punto de vista lacaniano, aquí se debe avanzar un paso más para afirmar que incluso la creencia religiosa de aquellos que participan en tal ritual es una «racionalización» del misterioso impacto libidinal del ritual mismo. La distancia no se produce entre los participantes que en el fondo se implican directamente en la cosa y nuestra posición de interpretación externa, sino que reside de antemano en la cosa misma, es decir, ésta divide desde el interior a los participantes mismos que necesitan una «racionalización» de significado para poder confirmar lo real del ritual mismo. En este mismo sentido, la operación interpretativa básica del psicoanálisis no consiste en trasladarse a una dimensión «más profunda» que la de la interpretación superficial, sino, por el contrario, en prestar atención a las primeras impresiones confusas. Se suele decir que la primera lectura siempre es engañosa y que el significado sólo se revela después de una segunda lectura; sin embargo, ¿no podría suceder que el significado que surge de la segunda lectura fuera en última instancia una formación de defensa contra el impacto de la primera lectura? Terry Eagleton interpreta en este sentido *Tierra baldía* de T. S. Eliot: la primera impresión del poema: los fragmentos sacados de acontecimientos de la vida diaria, mezclados con la textura impenetrable de referencias a una multitud incoherente de fenómenos artísticos y religiosos, ES el «mensaje» del poema[139]. Este cortocircuito directo entre los fragmentos de la vida diaria contemporánea «alienada» y la confusa multitud de referencias metafísicas es en sí mismo, para Eliot, el mejor diagnóstico de nuestra condición actual: carentes de un sólido fundamento metafísico-religioso, nuestras vidas diarias están fragmentadas en pedacitos hechos de rituales sociales vacíos y vulgares. Cuando atravesamos este umbral y nos esforzamos en identificar un edificio espiritual consistente bajo la confusa multitud de referencias (¿es Eliot budista?, ¿propaga un mito pagano de la resurrección?), ya hemos perdido de vista el aspecto fundamental.

---

[139] Terry EAGLETON, «Eliot and Common Culture», en Graham Martin (ed.), *Eliot in Perspective*, Nueva York, Humanities Press, 1970.

XII

¡Bienvenidos al desierto de lo real!

Otro tanto sucede con los ataques del 11 de septiembre de 2001 en Nueva York: su mensaje principal no contenía un aspecto ideológico más profundo, sino que se lee en su mismo efecto traumático: el terrorismo funciona, podemos conseguirlo... Así pues, ¿qué han quebrado los ataques? En última instancia, la fantasía paranoica estadounidense es la de un individuo que vive en una pequeña e idílica ciudad californiana, en un paraíso consumista, que, de repente, comienza a sospechar que el mundo en el que vive es una falsificación, un espectáculo orquestado para convencerle de que vive en un mundo real y en el que todos los que le rodean son en realidad actores y extras de una gigantesca función. El ejemplo más reciente de esto es *El show de Truman* (1998), de Peter Weir, en la que Jim Carrey interpreta al empleado de una pequeña ciudad de provincias que descubre paulatinamente la verdad de que él es el protagonista de un espectáculo televisivo permanente durante las 24 horas del día: su localidad natal está construida en un gigantesco estudio, dotado de cámaras que le siguen permanentemente. Cabe mencionar, entre sus predecesores, la novela *Tiempo desarticulado* (1959), de Philip K. Dick, en la que el protagonista, que vive una discreta vida cotidiana en una pequeña e idílica ciudad californiana de la década de los cincuenta, descubre, poco a poco, que toda la ciudad es una falsificación orquestada para tenerle satisfecho... La experiencia subyacente de *Tiempo desarticulado* y de *El show Truman* es que el paraíso consumista californiano del capitalismo tardío es, con toda su hiperrealidad, en cierto modo IRREAL, insustancial, carente de la inercia de la materia. De esta suerte, no sólo Hollywood pone en escena una apariencia de la vida real despojada del peso y de la inercia de la materialidad: en la sociedad de consumo del capitalismo tardío, la «vida social real» misma cobra en cierto modo los rasgos de un montaje, como si nuestros vecinos se comportaran en la vida «real» como actores y extras en un escenario... La idea de la «esfera» acuñada por Peter

Sloterdijk se realiza aquí literalmente, como la gigantesca esfera de metal que envuelve y aísla a toda la ciudad. La verdad última del universo capitalista utilitario y desespiritualizado es la desmaterialización de la «vida real» misma, su transformación radical en una función espectral. Entre otros, Christopher Isherwood dio expresión a esta irrealidad de la vida diaria estadounidense, ilustrada por la habitación de motel: «¡Los moteles estadounidenses son irreales! [...] Están deliberadamente diseñados para resultar irreales [...]. Los europeos nos odian porque nos hemos retirado a vivir en el interior de nuestros anuncios, como ranas que viven su retiro contemplativo en una cueva». Hace años, una serie de películas de ciencia ficción, como *Zardoz* o *La fuga de Logan*, predijeron los dilemas posmodernos actuales extendiendo esta fantasía a la comunidad misma: el grupo aislado que vive una vida aséptica en una zona apartada anhela la experiencia del mundo real del deterioro material.

El éxito de los hermanos Wachowski, *Matrix* (1999), lleva esta lógica a su paroxismo: la realidad material que todos experimentamos y vemos a nuestro alrededor es virtual, generada y coordinada por un megaordenador gigante al que estamos todos conectados; cuando el protagonista (interpretado por Keanu Reeves) se despierta en la «verdadera realidad», ve un paisaje desolado plagado de ruinas abrasadas: lo que quedó de Chicago después de una guerra global. Morfeo, el líder de la resistencia, le saluda irónicamente: «Bienvenido al desierto de lo real». ¿No sucedió algo parecido en Nueva York el 11 de Septiembre? Sus ciudadanos fueron introducidos en el «desierto de lo real»; a nosotros, corrompidos por Hollywood, el paisaje y las imágenes del derrumbe de las torres, no podían dejar de recordarnos las escenas más imponentes de las grandes producciones de catástrofes. Para la gran mayoría de los ciudadanos, las explosiones del World Trade Center fueron acontecimientos en la pantalla de televisión y, cuando vemos la imagen tan repetida de las personas aterrorizadas que corren hacia la cámara huyendo de la gigantesca nube de polvo causada por el hundimiento de las torres, ¿no recordaba el encuadre de la imagen a aquellas tan espectaculares de las películas de catástrofes, un efecto especial que superó a todos los demás, si es verdad que, como ya sabía Jeremy Bentham, la realidad es la mejor apariencia de sí misma?

Cuando nos dicen que los ataques fueron una conmoción totalmente imprevista, que sucedió lo Imposible inimaginable, debemos tener presente la otra catástrofe determinante de principios del siglo XX, la del Titanic: también fue una conmoción, pero su espacio lo habían labrado de antemano las fantasías ideológicas, ya que el Titanic era el símbolo de la potencia de la civilización industrial del siglo XIX. ¿No sucede otro tanto con estos ataques? No sólo los *media* nos bombardearon constantemente con el discurso de la amenaza terrorista; por supuesto, esta amenaza estaba a su vez cargada libidinalmente, ya que no hay más que recordar una serie de películas, desde *1997: Rescate en Nueva York* a *Independence Day*. Encontramos allí la razón fundamental de la frecuente asociación de los ataques con las películas de desastres de Hollywood: lo impensable que ocurre era el objeto de la fantasía; tan es así que, en cierto modo, Estados Unidos tuvo lo que alimentaba su fantasía, y ésta fue la mayor de las sorpresas. Así pues, debemos darle la vuelta a la lectura habitual conforme a la cual las explosiones del WTC fueron la intrusión de lo real para romper en añicos nuestra esfera ilusoria: muy al contrario, ya vivíamos en nuestra realidad antes del hundimiento del WTC, percibiendo los horrores del Tercer Mundo como algo que, en realidad, no formaba parte de nuestra realidad social, como algo que existe (para nosotros) como una aparición espectral en la pantalla (de televisión) y lo que sucedió el 11 de Septiembre fue que esta aparición fantasmática entró en nuestra realidad. No entró la realidad en nuestra imagen: la imagen entró e hizo añicos nuestra realidad (esto es, las coordenadas simbólicas que determinan lo que experimentamos como realidad). Así pues, el hecho de que, después del 11 de Septiembre, el estreno de muchas de las películas *blockbuster* [«superventas»] en las que aparecen escenas que recuerdan al hundimiento del WTC (grandes edificios ardiendo o siendo atacados, acciones terroristas) fuera retrasado (o hubo películas cuyo estreno se aplazó indefinidamente) puede leerse como la «represión» del trasfondo fantasmático responsable del impacto del hundimiento del WTC. Por supuesto, no se trata de dar pie al juego posmoderno que consistiría en reducir el hundimiento del WTC a otro espectáculo mediático más, leyéndolo como una versión catastrófica de las películas pornográficas del género *snuff**; la pregunta que debíamos hacernos cuando mirábamos las pantallas de televisión el 11 de Septiembre es sencillamente la siguiente: ¿DÓNDE HEMOS VISTO LO MISMO UNA Y OTRA VEZ?

Lo que esto significa es que la dialéctica de la apariencia y lo real no puede reducirse al hecho bastante elemental de que la virtualización de nuestras vidas diarias, la experiencia de que vivimos cada vez más en un universo construido artificialmente, suscita el deseo irresistible de «volver a lo real», de hacer pie de nuevo en una «verdadera realidad». LO REAL QUE RETORNA TIENE EL ESTATUTO DE UNA (OTRA) APARIENCIA: *precisamente porque es real, esto es, debido a su carácter traumático/excesivo, somos incapaces de integrarlo en (lo que experimentamos como) nuestra realidad, razón por la cual no podemos dejar de experimentarlo como una aparición espeluznante.* La imagen cautivadora del hundimiento del WTC no era otra cosa: una imagen, una apariencia, un «efecto» que, al mismo tiempo, nos otorga «la cosa misma». Este «efecto de lo real» no es el mismo que aquel que, ya en la década de los sesenta, Roland Barthes denominara *l'effet du réel*: antes bien, es exactamente lo contrario, *l'effet de l'irréel*. Lo que significa que, en contraposición al *effet du réel* barthesiano, en el que el texto hace que aceptemos como «real» su producto novelesco, aquí, lo real mismo, para ser soportado, debe ser percibido como espectro irreal y espeluznante. Se suele decir que no debemos confundir la ficción con la realidad; recordemos la *doxa* posmoderna que dice que la «realidad» es un

---

* Películas en las que se filman asesinatos reales. *[N. de la T.]*

producto discursivo, una ficción simbólica que percibimos erróneamente como una entidad sustancial y autónoma. A este respecto, la lección del psicoanálisis es la contraria: *no debemos confundir la realidad con la ficción*: debemos ser capaces de discernir, en lo que experimentamos como ficción, el núcleo duro de lo Real que sólo somos capaces de soportar si lo novelamos. En definitiva, debemos discernir qué parte de la realidad ha sufrido un «cambio de función» mediante la fantasía, hasta tal punto que, aunque forma parte de la realidad, es percibido de modo novelesco. Resulta mucho más difícil de denunciar-desenmascarar como ficción (lo que se presenta como) la realidad que reconocer en la «verdadera» realidad la parte de ficción.

Con la generalización del pánico al ántrax en octubre de 2001, Occidente saboreó por primera vez la nueva «guerra» invisible en la que –un aspecto que siempre hay que tener presente– nosotros, ciudadanos normales, estamos completamente a merced de las autoridades en lo que atañe a las informaciones acerca de lo que está ocurriendo: no vemos ni oímos nada, todo lo que sabemos procede de los *media* oficiales. Lejos de aludir a la guerra del siglo XXI, la explosión y el hundimiento de las Torres Gemelas del WTC en septiembre de 2001 fueron, por el contrario, el último grito espectacular de la guerra del siglo XX. Lo que nos aguarda es algo mucho más misterioso: el espectro de una guerra «inmaterial» en la que el ataque es invisible, esto es, virus, venenos que pueden estar en todas partes y en ninguna. En el plano de la realidad material visible, no pasa nada, no hay grandes explosiones y, sin embargo, el universo conocido empieza a derrumbarse, la vida se desintegra... Entramos en una nueva era de guerra paranoica en la que la tarea más ardua consiste en identificar al enemigo y las armas que utiliza. En esta nueva guerra, los agentes asumen sus actos públicamente cada vez menos: no son sólo los «terroristas» los que ya no ansían reivindicar la autoría de sus actos (incluso la célebre Al-Qaeda no reivindicó explícitamente los ataques del 11 de Septiembre, por no citar el misterio en torno al origen de las cartas con ántrax); las medidas «antiterroristas» del Estado están, por su parte, ocultas bajo un manto de secreto, lo que da pie a las teorías de la conspiración y a la paranoia social generalizada. Ahora bien, ¿no es su des-sustancialización el complemento de la omnipresencia paranoica de la guerra invisible? De esta suerte, una vez más, al igual que bebemos cerveza sin alcohol o café sin cafeína, asistimos ahora a guerras despojadas de su sustancia: una guerra virtual que se combate sentados delante de pantallas de ordenador, una guerra que sus participantes experimentan como un videojuego, una guerra sin bajas (al menos en nuestro bando).

Una superpotencia que bombardea un país desértico y desolado y que al mismo tiempo es el rehén de bacterias invisibles: ÉSTA, y no las explosiones del WTC, es la primera imagen de la guerra del siglo XXI. Así pues, ¿qué querrá decir «guerra» en el siglo XXI? ¿Quiénes serán «ellos», ya que no han de ser, sin duda, ni Estados ni bandas criminales? No podemos resistir la tentación de recordar aquí la oposición freudiana entre el derecho público y su doble obsceno superyoico: en este mismo sentido, ¿no son las «organizaciones terroristas internacionales» el doble obsceno de las grandes corporaciones multinacionales, esto es, la máquina rizomática definitiva, omnipresente aunque carezca de una base territorial clara? ¿No son la forma en la que el «fundamentalismo» nacionalista y/o religioso se adapta al capitalismo global? ¿No encarnan la contradicción en última instancia entre su contenido particular/exclusivo y su funcionamiento dinámico global? En este mismo sentido, en lo que atañe a Afganistán, no debemos olvidar nunca que hasta la década de los setenta, es decir, antes del momento en el que el país se vio directamente engullido en la batalla entre las superpotencias, era una de las sociedades musulmanas más tolerantes y que contaba con una prolongada tradición secular: Kabul era conocida como una ciudad dotada de una vibrante vida política y cultural. Así pues, la paradoja consiste en que, lejos de expresar una profunda tendencia «tradicionalista», el ascenso de los talibanes, esta aparente «regresión» al ultrafundamentalismo, surge a raíz del hundimiento del país en la vorágine de la política internacional, ya que no sólo fue una reacción defensiva, sino que surgió directamente gracias al apoyo de las potencias extranjeras (Pakistán, Arabia Saudí, también Estados Unidos).

De ahí que haya que rechazar completamente la idea en boga del «choque de civilizaciones»: por el contrario, hoy asistimos a los choques EN EL INTERIOR de cada civilización. Recordemos la carta de la niña estadounidense de siete años cuyo padre piloto estaba combatiendo en Afganistán: escribió que, aunque amaba profundamente a su padre, estaba preparada para su muerte, para su sacrificio por la patria. Cuando George W. Bush citó esas líneas, fueron percibidas como una explosión «normal» del patriotismo estadounidense; hagamos un sencillo experimento mental e imaginemos que una niña árabe musulmana recitara lastimosamente ante las cámaras las mismas palabras referidas a su padre combatiente con los talibanes. No hay que dar muchas vueltas a la cabeza para adivinar cuál habría sido nuestra reacción: diríamos que el malsano fundamentalismo musulmán no se detiene ni siquiera a la hora de manipular y explotar cruelmente a los niños... Todo rasgo atribuido al Otro está ya presente en el corazón mismo de Estados Unidos: ¿fanatismo asesino? En la actualidad se cuentan en Estados Unidos más de dos millones de «fundamentalistas» populistas de derecha que también practican su propio terror, legitimado por (su concepción de) el cristianismo. Habida cuenta de que, en cierto modo, Estados Unidos les «acoge», ¿debería haber recibido el castigo del ejército estadounidense después del atentado de Oklahoma? Y ¿qué decir de la reacción de Jerry Falwell y Pat Robertson a los atentados, que constituyeron para ambos un signo de que Dios había retirado su protección a Estados Unidos a causa de las vidas pecaminosas de los estadounidenses, responsabilizando de todo al materialismo hedonista, al liberalismo y a la sexualidad sin trabas, afirmando además que Estados Unidos había tenido lo que se merecía? El hecho de que la condena del Estados Unidos «liberal» que llega del Otro musulmán sea la misma que procede del corazón mismo de *l'Amérique profonde* debería darnos que pensar. El 19 de octubre, el propio George W. Bush tuvo que admitir que los autores más probables de los ataques con ántrax no eran los terroristas musulmanes, sino los cristianos fundamentalistas de extrema derecha procedentes del mismo Estados Unidos. Una vez más, ¿no supone una confirmación inesperada de la tesis de que el choque se da en el interior de cada civilización el hecho de que actos que en un principio fueron atribuidos al enemigo externo puedan acabar resultando actos concebidos en el corazón mismo de *l'Amérique profonde*?

Precisamente ahora que hacemos frente a la cruda realidad de una catástrofe, no debemos olvidar las coordenadas ideológicas y fantasmáticas que determinan su percepción. De resultas del 11 de Septiembre, los estadounidenses, incluyendo a los liberales, redescubrieron *en masse* la inocencia de su orgullo estadounidense, desplegando banderas y cantando juntos en público, como si, después de décadas de dudas éticopolíticas sobre el papel de Estados Unidos en el mundo, el perverso atentado de las torres del WTC les hubiera librado de su culpa, dándoles el derecho a afirmar su identidad con toda su inocencia... Contra la inocencia reivindicada, más que nunca hemos de hacer hincapié en que no hay ninguna «inocencia» en este redescubrimiento de la inocencia estadounidense, en librarse del sentimiento de culpa o ironía históricas que impedía que muchos de ellos aceptaran ser estadounidenses con todas sus consecuencias. Este gesto equivalía a asumir «objetivamente» el peso de todo lo que representó ser «estadounidense» en el pasado, constituyendo un caso ejemplar de interpelación ideológica, de la plena aceptación del propio mandato simbólico, que entra en escena tras la perplejidad causada por algún trauma histórico. Bajo el trauma provocado por el 11 de Septiembre, cuando la vieja seguridad pareció momentáneamente haberse roto en añicos, ¿hay un gesto más «natural» que refugiarse en la inocencia de la sólida identificación ideológica? Sin embargo, precisamente tales momentos de inocencia transparente, de «vuelta a los fundamentos», cuando el gesto de identificación parece «natural» son, desde el punto de vista de la crítica de la ideología, los más oscuros e incluso, en cierto modo, la oscuridad misma; por citar la magnífica formulación de Fernando Pessoa: «Cuando hablo francamente, no sé con qué franqueza hablo». Recordemos otro momento tan inocentemente transparente, las imágenes infinitamente reproducidas de la Avenida de la Paz Eterna de Pekín en el periodo crítico de los «alborotos» de 1989, en las que un hombrecito con un bastón cierra el paso completamente solo a un tanque gigantesco que avanza, impidiéndoselo valientemente, hasta el punto de que, cuando el tanque intenta evitarle girando a la derecha o a la izquierda, el hombre también se mueve, cerrándole de nuevo el paso. Este momento mismo de claridad transparente (las cosas se presentan en su desnudez máxima: un solo hombre contra la fuerza bruta del Estado) está, para nuestra mirada occidental, sostenido por una telaraña de implicaciones ideológicas que encarnan una serie de oposiciones: el individuo contra el Estado, la resistencia pacífica contra la violencia del Estado, el hombre contra la máquina, la fuerza interior de un minúsculo individuo contra la impotencia de la poderosa máquina... Estas implicaciones, que forman el trasfondo necesario para que la imagen ejerza su impacto directo, estas «mediaciones» que apuntalan el impacto inmediato de la imagen, NO están presentes para un observador chino, ya que la serie de oposiciones que mencionábamos más arriba es inherente al legado ideológico europeo. Por otra parte, el mismo trasfondo ideológico sobredetermina nuestra percepción de las imágenes espeluznantes de individuos minúsculos que saltaban desde el WTC en llamas para encontrar una muerte segura.

Entre las reapropiaciones ideológicas del 11 de Septiembre, ya se encuentran llamamientos a la reconsideración de algunos de los ingredientes básicos de la idea moderna de dignidad y libertad humanas. A este respecto resulta ejemplar la columna de Jonathan Alter, «Time to Think about Torture», que llevaba el siniestro encabezado de «It's a new world, and survival may well require old techniques that seemed out of the question»[140]. Después de coquetear con la idea israelí de legitimación de la tortura física y psicológica en casos de extrema necesidad (los denominados casos *ticking clock* [«carrera contrarreloj»], cuando se sabe que un terrorista preso posee la información que puede salvar cientos de vidas) y declaraciones «neutrales» como: «Hay que reconocer que algunas formas de tortura funcionan», concluye con:

> No podemos legalizar la tortura; es contrario a los valores estadounidenses. Sin embargo, sin dejar de pronunciarnos contra la violación de los derechos humanos en el mundo, tenemos que mantener una actitud abierta ante determinadas medidas de lucha contra el terrorismo, como el interrogatorio psicológico con autorización judicial. Asimismo, tenemos que considerar la extradición de algunos sospechosos a manos de algunos de nuestros aliados con menos remilgos, aunque suene hipócrita. Nadie dijo que esto iba a ser agradable.

La obscenidad de tales declaraciones es insolente. En primer lugar, ¿por qué usar el ataque al WTC como un argumento justificativo? ¿No se están cometiendo en todo momento crímenes mucho más horribles en el mundo? En segundo lugar, ¿qué tiene de NUEVO esta idea? ¿No enseñó la CIA durante décadas la práctica de la tortura a los aliados de los militares estadounidenses en América Latina y el Tercer Mundo? El capitalismo contemporáneo depende cada vez más de la práctica de la «subcontratación»: en vez de detentar directamente las condiciones de la producción, una compañía estadounidense contrata a una compañía del Tercer Mundo para que haga para ella el trabajo sucio de la producción material: el calzado deportivo de Nike se produce en Indonesia, etc. Las ventajas están claras: no sólo la producción es más barata, sino que

---

[140] *Newsweek* (5 de noviembre de 2001) [«Estamos en un nuevo mundo, en el que la supervivencia bien podría imponer el recurso a viejas técnicas que parecían completamente desechadas»].

también permite sortear el problema de las normas ecológicas, sanitarias y de derechos humanos, aduciendo que no podemos controlar lo que hacen nuestros contratistas. ¿No propone acaso Alter precisamente una práctica similar de SUBCONTRATACIÓN DE LA TORTURA que en efecto lleva décadas practicándose? También la hipocresía lleva décadas practicándose...

Incluso la argumentación –considerada «progresista [*liberal*]»– de Alan Derschowitz resulta sospechosa: «No estoy a favor de la tortura, pero si tiene que haberla, debe contar con una escrupulosa autorización judicial». La lógica subyacente –«¡como de todas formas vamos a practicarla, lo mejor es legalizarla para impedir excesos!»– resulta enormemente peligrosa: legitima la tortura, dando pie de ese modo a la práctica de MÁS tortura ilegal. Cuando, en este mismo sentido, Derschowitz sostiene que torturar en una situación de *ticking clock* no lesiona los derechos de los presos en tanto que imputados (la información obtenida no será utilizada en el juicio en su contra y la tortura no se practica como castigo, sino únicamente para impedir que se produzca una matanza), la premisa subyacente resulta aún más inquietante: así pues, ¿se debe permitir torturar a las personas no como parte de un castigo merecido, sino sencillamente porque saben algo? De ser así, ¿por qué no entonces legalizar la tortura de prisioneros de guerra que pueden poseer informaciones que pueden salvar cientos de vidas de nuestros soldados? Por lo tanto, contra la «franqueza» progresista de Derschowitz, hemos de adherirnos paradójicamente a la aparente «hipocresía»: de acuerdo, podemos imaginar perfectamente que, en una situación dada, ante el proverbial «prisionero que sabe» y cuyas palabras pueden salvar miles de vidas, podamos recurrir a la tortura; sin embargo, incluso (o, para ser más exactos, precisamente) en ese caso, resulta absolutamente decisivo que NO elevemos esta opción desesperada a la categoría de un principio universal; teniendo en cuenta la inevitable y brutal urgencia del momento, hemos de limitarnos a HACERLO. Sólo así, partiendo de la incapacidad misma o de la prohibición de elevar lo que tuvimos que hacer al rango de principio universal, conservamos el sentido de culpabilidad, la conciencia del carácter inadmisible de lo que hemos hecho.

En definitiva, tales debates, tales llamamientos a «mantener una actitud abierta» no son sino el principal síntoma de que los «terroristas» están ganando la guerra ideológica. Ensayos como el de Alter, que no defienden abiertamente la tortura, sino que se limitan a introducirla como un tema de debate legítimo, resultan más peligrosos aún que la aprobación explícita de la tortura: mientras que –al menos en este momento– la aprobación explícita de la tortura resultaría demasiado impactante y acabaría siendo rechazada, la mera introducción de la tortura como un tema de discusión legítimo nos permite cortejar la idea conservando la pureza de nuestra conciencia («¡Por supuesto que estoy contra la tortura, nadie se va a morir porque lo discutamos!»). Esta legitimación de la tortura como tema de discusión transforma mucho más radicalmente el trasfondo de presupuestos y de opciones ideológicas que su defensa abierta: transforma todo el campo, mientras que, sin esta transformación, la defensa abierta no deja de ser un punto de vista idiosincrático. Nos enfrentamos aquí al problema de los presupuestos éticos fundamentales: naturalmente, se puede legitimar la tortura atendiendo a sus beneficios a corto plazo (salvar cientos de vidas), pero ¿qué sucede con sus consecuencias a largo plazo para nuestro universo simbólico? ¿Hasta dónde se puede llegar? ¿Por qué no torturar a los criminales natos, al padre que ha arrebatado su hijo a su esposa divorciada...? La idea de que, una vez que dejamos escapar al genio de la botella, la tortura puede mantenerse a un nivel «razonable» es la peor de las ilusiones legalistas. Toda posición ética coherente TIENE que rechazar completamente este razonamiento pragmático-utilitario. Como corolario, nos vemos tentados a hacer de nuevo aquí un sencillo experimento mental: imaginemos que un periódico ÁRABE defendiera la tortura de los prisioneros estadounidenses ¡y la explosión de comentarios sobre la barbarie fundamentalista y el desprecio a los derechos humanos que habría provocado!

Tal vez, al fin y al cabo, la principal víctima del atentado contra el WTC haya sido un cierta figura del gran Otro, la Esfera estadounidense. Durante el discurso secreto de Nikita Kruschev en el XX Congreso del Partido Soviético, en el que denunció los crímenes de Stalin, alrededor de una docena de delegados sufrió una crisis de nervios que obligó a que fueran evacuados para recibir asistencia médica; uno de ellos, Boleslaw Bierut, el secretario general del Partido Comunista Polaco y partidario de la línea dura, fallecería días después de un ataque al corazón. (El modélico escritor estalinista Alexander Fadeyev se suicidó de un disparo a los pocos días.) Lo significativo no es que fueran «comunistas sinceros»; de hecho, la mayoría de ellos eran brutales manipuladores que no albergaban ninguna ilusión subjetiva acerca de la naturaleza del régimen soviético. El colapso lo sufrió su ilusión «objetiva», la figura del «gran Otro» sobre cuyo trasfondo ellos pudieron ejercer su despiadada lucha por el poder: el Otro al que trasladaban su creencia, el Otro que por así decirlo creía en su nombre, su sujeto-que-se-supone-que-cree, se desintegró. Ahora bien, ¿no sucedió algo parecido como consecuencia del 11 de Septiembre? ¿No fue el 11 de Septiembre de 2001 el XX Congreso del Sueño Americano?

XIII

¿Hay una política de la sustracción?

¿Qué queda después de la desintegración del gran Otro? Alain Badiou identificaba el rasgo determinante del siglo XX como «la pasión de lo real» *[la pasion du réel]*[141]: en contraposición al siglo XIX de los proyectos e ideales utópicos o científicos, de los planes para el futuro, el siglo XX aspiró a entregar la cosa misma, a realizar directamente el nuevo orden anhelado. La experiencia última y determinante del siglo XX fue la experiencia directa de lo real contrapuesta a la realidad social cotidiana, donde lo real en su violencia extrema era el precio que había que pagar para poder deshacerse de las capas engañosas de la realidad. Ya en las trincheras de la Primera Guerra Mundial, Carl Schmitt celebraba el combate cuerpo a cuerpo como el auténtico encuentro intersubjetivo: la autenticidad reside en el acto de transgresión violenta, desde lo real lacaniano –la cosa a la que se enfrenta Antígona cuando viola el orden de la ciudad– al gasto de Bataille. En el dominio propio de la sexualidad, el icono de esta «pasión de lo real» es *El imperio de los sentidos* de Oshima, una película japonesa de culto de la década de los sesenta, en la que la relación amorosa de la pareja se radicaliza llegando hasta la tortura mutua y finalmente la muerte. ¿No constituye acaso la figura última de la pasión de lo real la opción que se oferta en los sitios web de pornografía *hard-core*, gracias a la cual puede observarse el interior de una vagina desde el punto de vista privilegiado de la pequeña cámara colocada en la punta del dildo que entra en la misma? Llegado este umbral extremo, se produce un cambio: cuando uno se acerca demasiado al objeto de deseo, la fascinación erótica se torna en repugnancia ante lo Real de la carne desnuda.

Recordemos la sorpresa de los *media* estadounidenses después de los ataques del 11 de Septiembre: «¿Cómo es posible que estas personas expresen y practiquen tanto despre-

---

[141] Véase Alain BADIOU, *Le siècle*, París, Editions du Seuil, de próxima publicación.

cio por sus propias vidas?». ¿Y no constituye su complemento el hecho –bastante triste– de que nosotros, en los países del Primer Mundo, encontramos cada vez mayores dificultades para llegar incluso a imaginar una causa pública o universal por la que estaríamos dispuestos a dar nuestra vida? Cuando, después de los atentados, hasta el ministro de Asuntos Exteriores talibán dijo que podía «sentir el dolor» de los niños estadounidenses, ¿no confirmaba con ello el papel ideológico hegemónico de aquella frase registrada de Bill Clinton? En efecto, parece como si la escisión entre el Primer Mundo y el Tercero consistiera cada vez más en la contraposición entre la conducción de una vida larga y satisfactoria, llena de riqueza material y cultural, y la consagración de la propia vida a una causa trascendente. Dos referencias filosóficas se imponen inmediatamente en lo que atañe a este antagonismo ideológico entre el modo de vida consumista occidental y el radicalismo musulmán: Hegel y Nietzsche. ¿No estamos ante el antagonismo entre lo que Nietzsche denominara nihilismo «pasivo» y «activo»? En Occidente somos los últimos hombres nietzscheanos, inmersos en estúpidos placeres cotidianos, mientras que los radicales musulmanes están preparados para jugárselo todo, comprometiéndose en la lucha hasta la autodestrucción. (No podemos dejar de advertir la importancia que cobró la Bolsa con los atentados: la prueba definitiva de su impacto traumático fue que la Bolsa de Nueva York estuvo cerrada cuatro días, mientras que su apertura al lunes siguiente se presentó como la señal determinante de que las cosas volvían a la normalidad). Además, si contemplamos esta oposición a través de las lentes de la lucha hegeliana entre el amo y el esclavo, no podemos dejar de advertir la siguiente paradoja: aunque los occidentales somos percibidos como amos explotadores, somos nosotros los que ocupamos la posición del esclavo que, aferrándose a la vida y a sus placeres, es incapaz de jugarse la vida (recordemos la idea de Colin Powell de una guerra de alta tecnología sin bajas humanas), mientras que los pobres radicales musulmanes son los amos dispuestos a jugarse la vida...

Lo peor que podría hacerse con los acontecimientos del 11 de Septiembre sería elevarlos al rango del Mal Absoluto, de un vacío que no puede ser explicado y/o dialectizado. Colocarlos en el misma orden que la *Shoah* es una blasfemia: la *Shoah* fue perpetrada de forma metódica por una vasta red de *apparatchiks* del Estado y sus verdugos, quienes, a diferencia de los autores del atentado de las torres del WTC, carecían de la aceptación suicida de su propia muerte. Como se encargó de demostrar Hannah Arendt, eran burócratas anónimos que hacían su trabajo, hasta el punto de que una enorme distancia separaba lo que hicieron de su propia experiencia individual. No encontramos esta «banalidad del mal» en el caso de los ataques terroristas: ellos asumieron completamente el horror de sus actos, hasta el punto de que ese horror forma parte de la atracción fatal que les arrastra a cometerlos. O expresándolo de forma algo diferente: los nazis emprendieron su «solución del problema judío» como un secreto obsceno y oculto al escrutinio público, mientras que los terroristas despliegan descaradamente el espectáculo de su acto. Así pues, debemos rechazar la famosa lectura lacaniana del holocausto (el exterminio nazi de los judíos) precisamente en tanto que holocausto en el antiguo sentido judío de la palabra, el sacrificio a los dioses oscuros, destinado a colmar su terrible exigencia de *jouissance* [«goce»]: antes bien, los judíos aniquilados pertenecen a la serie de lo que los antiguos romanos denominaron *homo sacer*: aquellos que, a pesar de ser humanos, eran excluidos de la comunidad humana, razón por la cual podían ser aniquilados impunemente y, *por esa misma razón, no podían ser sacrificados (porque no eran una ofrenda digna de ser entregada al sacrificio)*.

Como demostrara Badiou a propósito de los grandes procesos estalinistas, el violento esfuerzo de destilación de lo Real puro a partir de la realidad elusiva acaba necesariamente resultando en lo contrario, en la obsesión por la apariencia pura: en el universo estalinista, la pasión de lo Real (la imposición despiadada del desarrollo socialista) culmina así en la escenificación ritual de un espectáculo teatral en cuya verdad nadie cree. La clave de esta inversión reside en la imposibilidad en última instancia de trazar una distinción clara entre la realidad engañosa y un núcleo sólido y positivo de lo real: toda porción positiva de lo real es a priori sospechosa, ya que (como sabemos gracias a Lacan) la Cosa Real es al final el otro nombre del vacío. De esta suerte, la búsqueda de lo real equivale a la aniquilación total, a una furia (auto)destructiva en cuyo interior la única forma de trazar la distinción entre la apariencia y lo real es, precisamente, ESCENIFICÁNDOLA con un espectáculo falso. La ilusión fundamental consiste aquí en que, una vez que se ha llevado a cabo el violento trabajo de purificación, el Nuevo hombre habrá de surgir *ex nihilo*, liberado de la inmundicia de la corrupción pasada. Dentro de este horizonte, los «hombres realmente existentes» quedan reducidos al rango de provisión de materia prima que puede ser explotada sin escrúpulos para la construcción de lo nuevo; en este sentido, la definición revolucionaria estalinista del hombre es circular: «El hombre es lo que hay que aplastar, pisotear y apalear sin piedad para producir un nuevo hombre». Encontramos aquí la tensión entre una serie de elementos «corrientes» (los hombres «corrientes» como el «material» de la historia) y el elemento «vacío» excepcional (el «Hombre nuevo» socialista, que al principio no es más que un lugar vacío que ha de rellenarse con un contenido positivo mediante la algarabía revolucionaria). En una revolución, no hay una determinación positiva a priori de este Hombre nuevo: una revolución no se legitima por la idea positiva de lo que es la esencia del Hombre, «alienada» en las condiciones actuales y que ha de ser realizada mediante el proceso revolucionario: la única legitimación de una revolución es negativa, una voluntad de romper con el pasado. A este respecto debemos formular las cosas con extrema precisión: la razón por la cual el furor purificador estalinista es tan destructivo reside en el hecho mismo de que se apoya en la creencia de que, una vez consumado el trabajo destructivo de purificación, ALGO QUEDARÁ, el sublime «resto indivisible», el dechado de lo nuevo o, citando una línea de Fernando Pessoa: «Cuanto más se pudra la vida ahora, más estiércol habrá para el futuro». Para ocultar el hecho de que más allá no hay nada, el revolucionario tiene que aferrarse –con arreglo a una modalidad inequívocamente perversa– a la violencia como el único índice de autenticidad, y en este plano los críticos del estalinismo confunden por regla general la causa de la adhesión comunista al Partido. Cuando, en 1939-1941, los comunistas prosoviéticos tuvieron que cambiar dos veces la línea del Partido de la noche a la mañana (después del pacto germano-soviético fue el imperialismo, y no el fascismo, el que fue elevado al rango de enemigo principal; desde el 22 de junio de 1941, cuando Alemania atacó a la Unión Soviética, se impuso de nuevo el frente popular contra la bestia fascista), era la brutalidad de los cambios de posición que eran impuestos lo que les atraía. En este mismo sentido, las purgas ejercían de por sí una fascinación misteriosa, sobre todo entre los intelectuales; su crueldad «irracional» servía como una especie de prueba ontológica, que da fe de que estamos tratando con lo Real y no con planes vacíos: el partido es despiadadamente brutal, luego tenemos algo entre manos...

Si la pasión de lo real acaba siendo la pura apariencia del teatro político, entonces, conforme a una rigurosa inversión, la pasión «posmoderna» de la apariencia del Último hombre acaba tornándose en una especie de lo real. Recordemos el fenómeno de los *cutters* (mujeres en su inmensa mayoría, que sienten un ansia irresistible de cortarse con cuchillas o hacerse daño con otros medios), estrictamente complementario de la virtualización de nuestros entornos: representa una estrategia desesperada para volver a lo real del cuerpo. En cuanto tal, el acto de cortarse ha de contraponerse a los habituales tatuajes sobre el cuerpo, que permiten la inclusión del sujeto en el orden simbólico (virtual); con aquellos que se cortan el problema es el contrario, esto es, la afirmación de la realidad misma. Lejos de ser suicida, lejos de indicar un deseo de autoaniquilación, el acto de cortarse es una tentativa radical de re(cobrar) un reducto de realidad o bien –otro aspecto del mismo fenómeno– de anclar sólidamente nuestro ego en nuestra realidad corpórea, contra la ansiedad insoportable provocada por la percepción de sí mismo como inexistente. Las personas que se cortan suelen decir que, después de ver cómo fluye la sangre caliente de la herida que ellos mismos se han provocado, se sienten vivos de nuevo, sólidamente enraizados en la realidad[142].

En este mismo sentido, ¿no fueron los atentados contra el WTC con respecto a las películas de catástrofes de Hollywood lo mismo que la pornografía *snuff* con respecto a las habituales películas pornográficas de estilo sadomaso? Éste es el elemento de verdad que cabe encontrar en la provocadora afirmación de Karl-Heinz Stockhausen, que vino a decir que el choque de los aviones contra las torres del WTC fue la obra de arte definitiva: en efecto, podemos percibir el hundimiento de las torres del WTC como la conclusión suprema de la «pasión de lo real» que expresaran las artes del siglo XX; por su

---

[142] Véase Marilee STRONG, *The Bright Red Scream*, Londres, Virago, 2000.

parte, los «terroristas» no lo hicieron principalmente para provocar un verdadero daño material, sino POR SU EFECTO ESPECTACULAR. De este modo, la auténtica pasión del siglo XX por penetrar en la cosa real (en última instancia, el vacío destructivo) a través de la telaraña de apariencias que constituyen nuestra realidad culmina con el estremecimiento de lo real como aquel «efecto» definitivo que se estaba buscando, desde los efectos especiales digitalizados a las *snuff movies*, pasando por la «telerrealidad» y la pornografía *amateur*. Las *snuff movies* que ofrecen la «cosa real» son tal vez la verdad última de la realidad virtual. Hay un vínculo estrecho entre la virtualización de la realidad y el surgimiento de un dolor corporal infinito e infinitizado, mucho más fuerte que el habitual: ¿no abre esta asociación de la biogenética y la realidad virtual nuevas posibilidades «reforzadas» para la TORTURA, nuevos e inéditos horizontes para ampliar nuestra capacidad de aguantar el dolor (mediante el aumento de nuestra capacidad sensorial de soportar el dolor, mediante la invención de nuevas formas de provocarlo)? Tal vez la imagen sadiana primordial de una víctima «superviviente» de la tortura, que puede soportar un dolor incesante sin poder recurrir a la muerte como vía de escape, aguarda también el momento de hacerse realidad.

Llegados a este punto, nos enfrentamos a la alternativa decisiva: ¿significa el resultado destructivo de la «pasión de lo real» que debemos adoptar la actitud archiconservadora y resignada que consiste en «mantener las apariencias»? ¿Debemos adoptar al fin y al cabo la actitud de: «No investigues con demasiado ahínco en lo real o te quemarás los dedos»? Sin embargo, hay otro modo de abordar lo real, esto es, la pasión de lo real del siglo XX tiene dos caras: la de la *purificación* y la de la *sustracción*. En contraposición a la purificación, que procura aislar el núcleo de lo real gracias a un violento descortezamiento, la sustracción comienza desde el vacío, desde la reducción («sustracción») de todo contenido determinado, intentando entonces crear una mínima diferencia entre este vacío y un elemento que funciona como su suplente. Aparte del propio Badiou, Jacques Rancière ha expuesto esta estructura como la de la política del «conjunto vacío», del elemento «supernumerario» que pertenece al conjunto pero no tiene un lugar característico en éste. ¿Qué es, para Rancière, la política propiamente dicha?[143] Un fenómeno que apareció por primera vez en la antigua Grecia, cuando los miembros del *demos* (aquellos que no ocupaban un sólido lugar fijo en el edificio jerárquico social) no sólo exigieron que se escuchara su voz contra los que detentaban el poder, contra los que ejercían el control social, es decir, no sólo protestaban contra la injusticia [*le tort*] que padecían, sino que querían que se escuchara su voz, que se reconociera incluida en la esfera pública, en pie de igualdad con la oligarquía y la aristocracia dominantes; es más, ellos, los excluidos, aquellos que no ocupaban un lugar fijo en el edificio social, se presentaron como los representantes, los suplentes, de toda la

---

[143] Me remito aquí a Jacques RANCIÈRE, *La mesentente*, París, Galilée, 1995.

sociedad, de la verdadera universalidad («nosotros –los "nada", los no contados en el orden– somos el pueblo, estamos Todos contra otros que no representan más que su interés particular privilegiado»). En definitiva, el conflicto político designa la tensión entre el cuerpo social estructurado en el que cada parte ocupa su lugar y «la parte sin parte» que perturba este orden a causa del principio vacío de universalidad, de lo que Balibar denomina *egaliberté*, la igualdad de principio de todos los hombres en tanto que seres hablantes. Hasta llegar a los *liumang*, los «matones» de la China feudal-capitalista actual, aquellos que (con respecto al orden existente) están desplazados flotan libremente, carentes de trabajo y residencia, así como de toda identidad o registro cultural o sexual[144].

Así pues, la política en el sentido propio de la palabra invoca una especie de cortocircuito entre lo Universal y lo Particular: la paradoja de un *singulier universel*, de un singular que se presenta como el suplente del Universal, desestabilizando el orden funcional «natural» de las relaciones en el cuerpo social. Esta identificación de la no parte con el Todo, de la parte de la sociedad que no ocupa un lugar rigurosamente definido en la misma (o que se resiste al lugar subordinado que se le asigna en el mismo) con lo universal, es el gesto elemental de politización, discernible en todos los grandes acontecimientos democráticos, desde la Revolución Francesa (en la que *le troisième état* se proclamó idéntico a la Nación misma, contra la aristocracia y el clero) hasta la defunción del ex socialismo europeo (donde los «foros» disidentes se proclamaron representantes de toda la sociedad contra la *nomenklatura* del Partido). Se puede argumentar lo mismo desde el punto de vista antiestatista: de aquellos que se han sustraído a las garras del Estado no se da cuenta, no están incluidos, esto es, su PRESENCIA múltiple no está adecuadamente REPRESENTADA en el Uno del Estado[145]. En este sentido, la «diferencia mínima» es la que hay entre el conjunto y este elemento excedente que pertenece al conjunto pero carece de toda propiedad diferencial que pudiera especificar su lugar dentro del edificio: precisamente esta carencia de *diferencia específica (funcional)* le convierte en una encarnación de la *diferencia pura* entre el lugar y sus elementos. Por lo

---

[144] Es interesante observar que, para denominar a aquellos que no encuentran un lugar adecuado en el Estado, el régimen ha reactivado la expresión tradicional *liumang*, que, en tiempos de la vieja China imperial, designaba aquellos que, buscando una vida mejor o incluso la pura supervivencia, vagabundeaban sin vínculos con la tierra o con la estructura patriarcal local. Véase Chen BAOLIANG, «To Be Defined a *liumang*», en Michael Dutton (ed.), *Streetlife China*, Cambridge, Cambridge University Press, 1998, pp. 63-65.

[145] Véase Alain BADIOU, *D'un désastre obscur*, París, Éditions de l'Aube, 1998, p. 57. Sin embargo, hoy los populistas de extrema derecha tampoco están representados, resisten al poder del Estado, hasta el punto de que tal vez habría que poner en tela de juicio esta lógica de la presencia múltiple contra la representación del Estado; en lo que atañe a esta cuestión Badiou permanece demasiado ligado a Deleuze.

tanto, este elemento «supernumerario» es una especie de «Malevitch en política», un cuadrado sobre una superficie que marca la diferencia mínima entre el lugar y lo que ocupa lugar, entre el fondo y la figura. O, en palabras de Laclau y Mouffe, este elemento «supernumerario» surge cuando pasamos de la DIFERENCIA al ANTAGONISMO: toda vez que en él todas las diferencias cualitativas inherentes al edificio social quedan en suspenso, representa la «pura» diferencia en cuanto tal, lo no social dentro del campo de lo social. O, expresándolo conforme a la lógica del significante, en éste el cero mismo cuenta como el Uno[146].

Así pues, ¿es la oposición entre purificación y sustracción, en última instancia, la que se produce entre el poder del Estado y la resistencia a éste? ¿Sucede así que, una vez que el partido toma el poder del Estado, *la sustracción se torna en purificación*, en la aniquilación del «enemigo de clase», de tal suerte que cuanto más total es esa aniquilación tanto más pura era la sustracción (en la medida en que el sujeto democrático-revolucionario carecía de toda propiedad determinada, *cualquiera de tales propiedades me hace sospechoso...*)? De esta suerte, el problema es el siguiente: ¿cómo proseguir la política de la sustracción UNA VEZ QUE SE ESTÁ EN EL PODER? ¿Cómo evitar la posición del alma bella apegada al eterno papel de la «resistencia», oponiéndose al poder sin pretender realmente subvertirlo? La respuesta habitual de Laclau (pero también de Claude Lefort) es: democracia. Lo que significa que la política de sustracción es la democracia misma (no en su modalidad liberal-parlamentaria, sino como la Idea infinita, por usar la expresión platónica de Badiou): en una democracia, lo que toma el poder es precisamente el resto amorfo sin cualidades, sin cualificaciones especiales que justifiquen a sus miembros (en contraposición al corporativismo, no se necesitan cualificaciones particulares para ser un sujeto democrático); además, en democracia el papel del Uno estalla desde el interior, gracias a la diferencia mínima entre lugar y elemento: en democracia, el estado «natural» de todo agente político es la oposición, hasta el punto que el ejercicio del poder es una excepción, una ocupación temporal del lugar vacío del poder. Esta diferencia mínima entre el lugar (del poder) y el agente/elemento (que ejerce el poder) es lo que desaparece en los Estados premodernos así como en el «totalitarismo».

Por más convincente que pueda parecer, debemos rechazar esta salida fácil. ¿Por qué? Como ya hemos comprobado, el problema de la democracia consiste en que desde el momento en que se instaura como un sistema formal positivo que regula el modo en que una multitud de sujetos políticos compiten por el poder, tiene que excluir algunas opciones como «no democráticas», de tal suerte que *esta exclusión, esta decisión fundadora acerca de aquellos que quedan incluidos y aquellos que quedan excluidos del campo de las opciones democráticas, no es democrática*. No pretendemos hacer juegos lógico-formales con las paradojas del metalenguaje, ya que, en este preciso aspecto, la vieja perspi-

---

[146] Véase Ernesto Laclau y Chantal Mouffe, *Hegemony and Socialist Strategy*, cit.

cacia marxiana conserva plena validez: esta inclusión/exclusión esta sobredeterminada por el antagonismo social fundamental (la «lucha de clases») que, por la misma razón, nunca podrá traducirse adecuadamente a la forma de la contienda democrática. La última ilusión democrática –y, al mismo tiempo, el punto en el que la limitación de la democracia se torna directamente palpable– es que se puede hacer una revolución indolora, por «medios pacíficos», sencillamente ganando las elecciones. Esta ilusión es *formalista* en el sentido estricto de la palabra: se abstrae del marco concreto de las relaciones sociales en las que opera la forma democrática. Por consiguiente, aunque no sacaremos ningún provecho ridiculizando a la democracia política, hemos de insistir sin embargo en la lección marxista, confirmada por el ansia postsocialista, que habla de que la democracia política tiene que descansar sobre la propiedad privada. En definitiva, el problema con la democracia no es que sea democracia, sino que reside, por utilizar la expresión que se introdujo con el bombardeo de Yugoslavia por la OTAN, en sus «daños colaterales», en el hecho de que es una forma de poder estatal que implica determinadas relaciones de producción. La vieja idea marxiana de la «dictadura del proletariado», reactualizada por Lenin, apunta precisamente en esta dirección, intentando ofrecer una respuesta a la cuestión decisiva: *¿qué tipo de poder habrá después de que tomemos el poder?*

En este sentido, la política revolucionaria del siglo XXI debería permanecer fiel a la «pasión de lo real» del siglo XX, REPITIENDO la «política de la purificación» bajo la modalidad de la «política de la sustracción». Por más que pudiera parecer que Lenin representa el momento originario de la política de la purificación, sería más correcto comprenderle como la figura neutral en la que ambas versiones de la «pasión de lo real» continúan coexistiendo. ¿No son siempre las luchas fraccionales en los partidos revolucionarios (y, nos vemos tentados a añadir, en las organizaciones psicoanalíticas) luchas en las que se ventila una «diferencia mínima»? Recordemos la insistencia de Lenin, en la polémica que se desarrollaba en el periodo de la escisión entre bolcheviques y mencheviques, en el modo en que la presencia o la ausencia de una sola palabra en el Estatuto del partido puede afectar al destino del movimiento durante décadas: aquí se hace hincapié en la más leve de las diferencias «superficiales», en el *shibboleth* [«santo y seña»] de un acento en la formulación, del que se ponen de manifiesto las decisivas consecuencias que tendrá en lo Real.

Para aferrar adecuadamente esta extraña lógica de la diferencia mínima, debemos tener presente la compleja interconexión de la tríada lacaniana Real-Imaginario-Simbólico: toda la tríada se refleja a sí misma en cada uno de sus tres elementos. Hay tres modalidades de lo Real: lo «Real mismo» (la cosa espeluznante, el objeto primordial, desde la garganta de Irma hasta Alien), lo «Real simbólico» (lo real como consistencia: aquí el significante queda reducido a una fórmula carente de sentido, como las fórmulas de la física cuántica que ya no pueden ser traducidas a –o relacionadas con– la experiencia diaria de nuestro mundo de la vida) y lo «Real imaginario» (el *je ne sais quoi* misterioso, el «algo» insondable gracias al cual la dimensión sublime resplandece a través de un objeto corriente). De este modo, lo Real es en efecto las tres dimensiones al mismo tiempo: el vórtice abisal que arruina toda estructura consistente; la estructura consistente y matemática de la realidad y la frágil y pura apariencia. Y, en este preciso sentido, hay tres modalidades de lo Simbólico (la real –en la que el significante queda reducido a una fórmula carente de sentido–; la imaginaria –los «símbolos» jungianos– y la simbólica –el discurso, el lenguaje significante–), así como tres modalidades de lo Imaginario (la real –la fantasía, que es precisamente un escenario imaginario que ocupa el lugar de lo real–; la imaginaria –la imagen en cuanto tal, que desempeña fundamentalmente la función de señuelo– y la simbólica –de nuevo los «símbolos» jungianos o los arquetipos de la *New Age*–). La tríada que forman lo Real-Simbólico-Imaginario también determina las tres modalidades de descentramiento del sujeto: la real (aquella de la que habla la neurobiología: la red neuronal como la realidad objetiva de nuestra propia experiencia psíquica ilusoria); la Simbólica (el orden simbólico como la otra escena por la que soy hablado, la que realmente mueve los hilos); la imaginaria (la fantasía fundamental misma; el escenario imaginario descentrado e inaccesible a mi experiencia psíquica).

Esto significa que lo Real NO es el núcleo duro de la realidad que se resiste a la virtualización. Hubert Dreyfus tiene razón cuando identifica el rasgo fundamental de la actual virtualización de nuestra experiencia de la vida como una distancia reflexiva que impide todo compromiso pleno: como sucede en los juegos de tipo sexual en internet, uno nunca se entrega totalmente en ellos, ya que, como se suele decir, «¡cuando la cosa no funciona, siempre puedes largarte!». Cuando uno llega a una situación de bloqueo, siempre puede decir: «¡De acuerdo, dejo de jugar, me retiro! ¡Probemos con otro juego!»; pero el hecho mismo de poder retirarse implica que, desde el principio, de algún modo sabía que podía dejar el juego, lo que significa que no estaba plenamente entregado a éste[147]. En este sentido, nunca podemos quemarnos de verdad, resultar fatalmente heridos, ya que un compromiso siempre está abierto a su revocación, mientras que en un compromiso existencial sin reservas, si cometemos un error lo perdemos todo, no hay escapatoria, ni «¡De acuerdo, juguemos otra partida!». Olvidamos lo que Kierkegaard y otros autores entienden por un compromiso existencial pleno cuando lo tomamos por un peligroso salto voluntarista a una posición dogmática, como si, en vez de conservar un escepticismo plenamente justificado, perdiéramos los nervios, por así decirlo, y nos entregáramos plenamente; Kierkegaard piensa precisamente en situaciones en las que estamos absolutamente acorralados y NO PODEMOS dar marcha atrás para juzgar la situación a distancia: no podemos optar entre elegir y no elegir, porque ya la abstención de la elección es una (mala) elección.

---

[147] Véase Hubert DREYFUS, *On the Internet*, Londres, Routledge, 2001.

Sin embargo, desde el punto de vista freudiano, la primera tarea consiste en poner radicalmente en tela de juicio la oposición en la que se apoya aquí Dreyfus, es decir, en la oposición entre el ser humano como un agente plenamente encarnado, arrojado a su mundo de la vida y actuando contra un trasfondo impenetrable de precomprensión que nunca puede ser objetivado/explicitado como un conjunto de reglas, y el ser humano que opera en un universo digital artificial que está sometido completamente a reglas y que, por lo tanto, carece de la densidad del trasfondo que encontramos en el mundo de la vida. Ahora bien, ¿y si nuestra colocación en un mundo de la vida no fuera el hecho determinante? La idea freudiana de «pulsión de muerte» apunta precisamente a una dimensión de la subjetividad humana que se resiste a la plena inmersión en su mundo de la vida: designaba una insistencia ciega que continuaba activa con un profundo desprecio hacia las exigencias de nuestro mundo de la vida concreto. En *Zerkalo [El espejo]*, de Tarkovsky, su padre, Arseny Tarkovsky, recita sus propias palabras: «Un alma está en pecado sin un cuerpo, / como un cuerpo sin ropajes» –sin proyecto, sin objetivo, un acertijo sin respuesta–, la «pulsión de muerte» es este alma dislocada sin cuerpo, una pura insistencia que ignora las restricciones de la realidad. El gnosticismo es, por ello, tan correcto como desatinado; correcto, toda vez que afirma que el sujeto humano no se encuentra verdaderamente «en casa» en nuestra realidad; desatinado, toda vez que llega a la conclusión de que, por lo tanto, debe haber otro universo (astral, autérico) que es nuestro verdadero hogar, y desde el que hemos «caído» en esta realidad material inerte. Por esta misma razón las variaciones posmodernas-deconstruccionistas-posestructuralistas sobre el tema del sujeto siempre de antemano desplazado, descentrado, pluralizado... en cierto modo pasan por alto lo fundamental: que el sujeto es «en cuanto tal» el nombre de un determinado desplazamiento radical, de un determinado «corte, herida, en la textura del universo», y que todas sus identificaciones son, en última instancia, otros tantos intentos fallidos de curar su herida. Este desplazamiento, que en sí mismo anuncia universos enteros, encuentra una expresión óptima en los primeros versos de «Estanco» *[Tabacaria]*, de Fernando Pessoa: «No soy nada. / Nunca seré nada. / No puedo desear ser nada. / Además, llevo en mí todos los sueños del mundo»[*].

En el espacio en el que Dreyfus establece su contraposición, lo Real equivale a la inercia de la realidad corpórea material que no puede ser reducida a otro constructo digital. Sin embargo, debemos introducir aquí la vieja distinción lacaniana entre la realidad y lo Real: en la contraposición entre la realidad y la ilusión espectral, lo Real aparece precisamente como «irreal», como una ilusión espectral que no tiene cabida en nuestra realidad (simbólicamente construida). En ello, en esta «construcción simbólica de la realidad –de lo que percibimos como nuestra realidad social»–, consiste la tram-

---

[*] «Não sou nada. / Nunca serei nada. / Não posso querer ser nada. / À parte isso, tenho em mim todos os sonhos do mundo», *Poesías de Álvaro de Campos*, 1928. *[N. de la T.]*

pa: el resto inerte precluido de (lo que experimentamos como) la realidad regresa a lo real de las apariciones espectrales. ¿Por qué hay algo tan misterioso en animales como los crustáceos, los caracoles y las tortugas? El verdadero objeto de espanto no es el caparazón sin el cuerpo viscoso en su interior, sino el cuerpo «desnudo» sin el caparazón, es decir: ¿no tendemos siempre a ver el caparazón demasiado grande, demasiado pesado y demasiado grueso con respecto al cuerpo que alberga? Nunca hay un cuerpo que encaje perfectamente en su caparazón y, por añadidura, sucede como si este cuerpo tampoco tuviera un esqueleto interno que le diera un mínimo de estabilidad y solidez: sin su caparazón, el cuerpo es prácticamente una entidad esponjosa informe. En estos casos, sucede como si la vulnerabilidad fundamental, la necesidad del refugio seguro de una casa que es específica de los seres humanos, se proyectara de nuevo en la naturaleza, en el reino animal; dicho de otra manera, sucede como si estos animales fueran en realidad seres humanos que llevan la casa a cuestas... ¿No es este cuerpo blando y viscoso la figura perfecta de lo Real? El caparazón sin el cuerpo vivo en su interior sería como el célebre jarrón evocado por Heidegger: el marco simbólico que delinea los contornos de la Cosa Real, el vacío en el medio –lo asombroso es que, a pesar de todo, haya «algo y no nada» dentro del caparazón, aunque no algo adecuado, sino siempre un cuerpo defectuoso, vulnerable y ridículamente inapropiado, el resto de la cosa perdida–. Así pues, lo Real no es la realidad prerreflexiva de la inmersión inmediata en nuestro mundo de la vida sino, precisamente, lo que se pierde, aquello a lo que el sujeto tiene que renunciar para sumergirse en su mundo de la vida y, por consiguiente, aquello que regresa en forma de apariciones espectrales.

En definitiva, lo Real es lo «casi nada» que soporta el desajuste que separa a una cosa de sí misma. La mejor manera de formular la dimensión que intentamos discernir consiste en referirla a la completa ambigüedad de la relación entre la realidad y lo Real. Hay una noción «lacaniana» estereotipada de la realidad como mueca de lo Real: lo Real es el núcleo-vacío traumático e inalcanzable, el sol cegador que no podemos mirar de cara, que sólo podemos percibir oblicuamente, de lado, desde una perspectiva torcida, ya que si lo miramos directamente seríamos «quemados por el sol»... De esta suerte, lo real queda estructurado/distorsionado como la «mueca» a la que llamamos realidad mediante la red simbólica apaciguadora, tal y como la *Ding-an-sich* [«cosa en sí»] kantiana queda estructurada como lo que experimentamos como realidad objetiva mediante la red trascendental. No obstante, si sacamos todas las consecuencias de la idea lacaniana de lo Real, nos vemos obligados a invertir la fórmula que citábamos más arriba: lo Real mismo no es más que una mueca de la realidad, algo que no es más que una perspectiva distorsionada de la realidad, algo que sólo brilla gracias a esa distorsión, ya que carece «en sí misma» de toda sustancia. Este Real es una mancha que percibimos «cara a cara», como la cara del diablo que aparece en las nubes del tornado de la foto de portada de *News of the World*, el obstáculo (el proverbial «nudo en la garganta») que siempre distorsiona nuestra percepción de la realidad, introduciendo manchas anamórficas en ésta. Lo Real es la apariencia en tanto que apariencia, no sólo aparece DENTRO de las apariencias, sino que a su vez NO ES MÁS QUE su propia apariencia; no es más que una cierta MUECA de la realidad, un rasgo imperceptible, insondable y en última instancia ilusorio, que da cuenta de la diferencia absoluta dentro de la identidad. Este Real no es el Más Allá inaccesible de los fenómenos, no es más que su *doublure* [«desdoble»], el desajuste entre dos fenómenos inconsistentes, un cambio de perspectiva. Así pues, ésta es la respuesta que debemos dar a la «transparente» contraargumentación (o, sencillamente, la lectura) de Lacan: en efecto, lo Real representa la intervención de otra dimensión en el orden de nuestra realidad; ahora bien, ¿por qué esta otra dimensión no habría de ser la Cosa divina? Desde el punto de vista materialista, la Cosa es un espectro que emerge en los intersticios de la realidad, en la medida en que la realidad nunca es homogénea / consistente, sino que se ve siempre expuesta al corte del autodesdoblamiento.

La mayor parte de la obra escultórica de Rachel Whitehead consiste en variaciones sobre un único y mismo motivo: entregar directamente el cuerpo al Vacío de la Cosa. Cuando, tomando un objeto creado (un armario, una habitación, una casa...), ella empieza llenando el espacio vacío, situando el vacío en el centro, luego retira todo lo que circundaba a éste y por ende lo delimitaba, tras lo cual tenemos un objeto masivo que da cuerpo directamente al vacío mismo. De esta suerte la relación normal entre el vacío y la corteza/armadura/cáscara que creó este vacío queda invertida: en vez del jarrón que encarnaba el vacío central, este vacío mismo queda directamente materializado. El efecto asombroso de estos objetos reside en las modalidades con las que demuestran palpablemente la incompletud ontológica de la realidad: por definición, tales objetos sobresalen, son ontológicamente superfluos, no están en el mismo plano de realidad que los objetos «normales».

Esta *doublure* nunca es simétrica. En un conocido experimento psicológico, dos psiquiatras entablaron una conversación después de que cada uno de ellos fuera advertido que el otro no era un verdadero psiquiatra, sino un peligroso lunático que vivía bajo la ilusión de que era un psiquiatra; después de la conversación, se solicitó a cada uno de ellos la redacción de un informe profesional sobre su interlocutor, que en efecto cada uno de ellos redactó, describiendo detalladamente en el mismo los peligrosos síntomas del otro... ¿No pone en obra este experimento el famoso cuadro de Escher, en el que vemos dos manos que se dibujan una a la otra? No obstante, se debe insistir en que, como sucede en el dibujo de Escher, la simetría perfecta es una ilusión que «no puede suceder en la realidad»: ambas personas no pueden ser tan sólo una entidad en el sueño del otro. Aquí opera una asimetría que resulta claramente discernible en otro caso similar, el de la relación entre Dios y el hombre en la tradición del misticismo alemán (Meister Eckhart): el hombre es creado-parido por Dios, y sin embargo Dios es parido en el hombre, esto es, el hombre da a luz a lo que le creó. Esta relación no es simétrica, sino –hablando en «hegelés»– la relación de «posición [*Setzung*] de las presuposiciones»: Dios es, por supuesto, el Fundamento impenetrable/abisal del que surge el hombre; sin embargo, Dios mismo sólo se hizo real, sólo «se tornó en lo que siempre había sido», gracias al hombre. Lo que antes de la creación del hombre era una fuerza sustancial impersonal, se torna en la persona divina gracias al hombre.

De este modo, regresamos a la diferencia entre idealismo y materialismo: tal vez su figura primordial sea la que existe entre estas dos formas de lo Real. La religión es lo Real como la Cosa imposible más allá de los fenómenos, la cosa que «resplandece a través» de los fenómenos en las experiencias sublimes; el ateísmo es lo Real como mueca de la realidad, justamente como el desajuste, la inconsistencia, de la realidad. De ahí que haya que dar la vuelta al reproche habitual que los religiosos hacen a los ateos («¡Pero no sois capaces de entender lo que significa creer!»): nuestro estado «natural» consiste en creer, mientras que lo que verdaderamente cuesta entender es la posición atea. A este respecto debemos argumentar en contra de la tesis derridiana / levinasiana del núcleo de la religión como la creencia en lo Real imposible de una Alteridad espectral que puede dejar sus huellas en nuestra realidad: la creencia en que esta realidad es la nuestra no es la Realidad Primordial. El ateísmo NO es la posición que consiste en creer únicamente en la realidad positiva (plenamente constituida ontológicamente, suturada, cerrada); la más sucinta definición del ateísmo del tipo de *rien n'aura lieu que le lieu* es precisamente la siguiente: «Religión sin religión», la afirmación del VACÍO de lo Real despojado de todo contenido positivo, anterior a todo contenido, la afirmación de que todo contenido es una apariencia que rellena el vacío. «Religión sin religión» es el lugar de la religión despojado de su contenido, como la de Mallarmé: ÉSTA es la verdadera fórmula del materialismo, «nada tiene lugar sino el lugar mismo». Aunque la fórmula puede recordar a la «alteridad mesiánica» derridiana/levinasiana, es su exacto contrario: NO es «la verdad mesiánica íntima de la religión sin los aparatos institucionales externos de la religión», sino, por el contrario, la FORMA de la religión despojada de su contenido, en contraposición a la referencia derridiana/levinasiana a una Alteridad espectral, esto es, que no ofrece la Forma, sino el Contenido vacío de la religión. No sólo insisten en el vacío tanto la religión como el ateísmo, en el hecho de que nuestra realidad no está consumada y cerrada: la experiencia de este vacío es la experiencia MATERIALISTA originaria, que la religión, incapaz de soportarla, RELLENA con el contenido religioso.

¿No es este desplazamiento a su vez un desplazamiento de Kant a Hegel? ¿De la tensión entre los fenómenos y la cosa a una inconsistencia/desajuste entre los fenómenos mismos? La idea habitual de realidad es la de un núcleo duro que se resiste a la aprehensión conceptual. Hegel sencillamente toma MÁS LITERALMENTE esta idea de realidad: la realidad no conceptual es algo que SURGE cuando el autodesarrollo de las ideas queda atrapado en una inconsistencia y se torna no transparente para sí mismo. En definitiva, el límite se traslada del exterior al interior: hay Realidad porque y en la medida en que la Idea es inconsistente, que no coincide consigo misma... En definitiva, las múltiples inconsistencias de perspectiva entre los fenómenos no son un efecto del impacto de la cosa trascendente; por el contrario, la Cosa no es más que la ontologización de la inconsistencia entre los fenómenos. La lógica de esta inversión es en última instancia la misma que encontramos en el paso de la teoría de la relatividad especial a la general de Einstein. Aunque la teoría especial ya introduce la idea del espacio curvo, concibe esta curvatura como el efecto de la materia: la presencia de la materia curva el espacio, esto es, sólo un espacio vacío sería no curvo. Con el paso a la teoría general, la causalidad se invierte: lejos de CAUSAR la curvatura del espacio, la materia es su EFECTO. En este mismo sentido, lo Real lacaniano –la Cosa– no es tanto la presencia inerte que «curva» el espacio simbólico (introduciendo desajsutes e inconsistencias en éste), sino, por el contrario, el efecto de estos desajustes e inconsistencias.

Disponemos de dos modos fundamentalmente diferentes de relacionarnos con el vacío, que se expresan soberbiamente en la paradoja de Aquiles y la tortuga: aunque Aquiles puede adelantar a la tortuga sin dificultad, nunca puede alcanzarla. O postulamos el Vacío como el límite imposible-real de la experiencia humana a la que sólo podemos acercarnos indefinidamente, la cosa absoluta respecto a la cual debemos conservar una distancia adecuada: si nos acercamos demasiado a ella, nos abrasa el sol... De esta suerte, nuestra actitud hacia el vacío es completamente ambigua, está marcada por una atracción y una repulsión simultáneas. O bien lo postulamos como aquello a cuyo través debemos pasar (o incluso ya de antemano hemos pasado): en esto reside el quid de la idea hegeliana de «quedarse con lo negativo», que Lacan expresó en su idea de la profunda conexión entre la pulsión de muerte y la sublimación creativa: para que tenga lugar la creación (simbólica), la pulsión de muerte (la negatividad absoluta hegeliana que se relaciona consigo misma) tiene que llevar a cabo la operación de, precisamente, vaciar el espacio y por ende prepararlo para la creación. En vez de la vieja temática de los objetos fenoménicos que desaparecen/se disuelven en el vórtice de la Cosa, encontramos objetos que no son sino el Vacío de la Cosa encarnado o, hablando en «hegelés», objetos en lo que la negatividad cobra existencia positiva.

En términos religiosos, este paso de lo Uno Real-Imposible (Cosa) refractado/reflejado en la multitud de sus apariencias al dos es el paso mismo del judaísmo a la cristiandad: el Dios judío es la cosa real del más allá, mientras que la dimensión divina de Cristo no es más que una pequeña mueca, un matiz imperceptible, que le diferencia de los demás seres humanos (normales). Cristo no es «sublime» si entendemos por ello un «objeto elevado a la dignidad de una Cosa», no es un doble de la Dios-Cosa imposible; es, por el contrario, «la Cosa misma» o, para ser más exactos, «la cosa misma» no es más que la ruptura/desajuste que hace que Cristo no sea completamente humano. Así pues,

Cristo es lo que Nietzsche, el último y autoproclamado anticristo, denominó «mediodía», la fina linde entre el Antes y el Después, lo Viejo y lo Nuevo, lo Real y lo Simbólico, entre Dios-Padre-Cosa y la comunidad del Espíritu[148]. En cuanto tal, es ambos al mismo tiempo: el punto extremo de lo Viejo (la culminación de la lógica del sacrificio, en la que representa a su vez el sacrificio extremo, el intercambio consigo mismo en el que ya no estamos al servicio de Dios, sino que Dios está a nuestro servicio para sí mismo y por ende hace que contraigamos con él una deuda por un periodo indefinido) y su superación (el cambio de perspectiva) en lo Nuevo. No es más que un pequeño matiz, un cambio de perspectiva casi imperceptible, que distingue el sacrificio de Cristo de la afirmación atea de una vida que no precisa de sacrificios.

La clave de Cristo la proporciona la figura de Job, cuyo sufrimiento prefigura el de Cristo. La conmoción casi insoportable que produce el Libro de Job no reside tanto en su trama narrativa (el diablo aparece en el mismo como un interlocutor de Dios, con el que emprende un experimento tremendamente cruel para probar la fe de Job), sino en su resultado final. Lejos de proporcionar una explicación satisfactoria del inmerecido sufrimiento de Job, la aparición de Dios al final se traduce en última instancia en un puro alarde, en un espectáculo de horror con elementos de farsa, un puro argumento de autoridad asentado en un vertiginoso despliegue de poder: «¿Ves todo lo que puedo hacer? ¿Puedes hacerlo tú? ¿Quién eres tú entonces para quejarte?». De esta suerte, no encontramos ni al buen Dios que hace saber a Job que su sufrimiento no es más que una penosísima experiencia destinada a probar su fe, ni al Dios oscuro más allá de la Ley, el Dios del puro capricho, sino, por el contrario, un Dios que actúa como alguien sorprendido en un momento de impotencia o, al menos, de debilidad, y que intenta salir del apuro con un alarde vacío. Al final nos encontramos con una especie de espectáculo de horror hollywoodiense de bajo presupuesto con muchos efectos especiales; de ahí que no sorprenda que muchos comentadores tiendan a desechar la historia de Job como un resto de la mitología pagana anterior que debería haber sido excluida de la Biblia.

Contra esta tentación, debemos identificar precisamente la verdadera grandeza de Job: en contraposición a la idea habitual que se tiene de Job, éste NO es un paciente enfermo que soporta su penosísima experiencia con una sólida fe en Dios; por el contrario, se queja en todo momento, rechazando su destino (como Edipo en Colona, a quien, por lo general, también se percibe erróneamente como una víctima paciente resignada a su destino). Cuando los tres teólogos-amigos le visitan, la línea de argumentación que utilizan es la sofistería ideológica habitual (si sufres, por definición se debe a que HAS DEBIDO DE HACER algo malo, ya que Dios es justo). Sin embargo, su argu-

---

[148] A este respecto me remito a la pionera lectura lacaniana de Nietzsche en Alenka ZUPANCIC, *Nietzsche: Filozofija Dvojega*, Ljubljana, Analecta, 2001.

mentación no se limita a la afirmación de que Job debe de ser culpable de alguna u otra manera: lo que está en litigio en un plano más radical es la (in)sensatez del sufrimiento de Job. Como Edipo en Colona, Job insiste en la total INSENSATEZ de su sufrimiento: como reza el encabezado de Job 27, «Job mantiene su integridad». En cuanto tal, el Libro de Job proporciona el que tal vez sea el primer caso ejemplar de crítica de la ideología en la historia humana, poniendo al descubierto las estrategias discursivas fundamentales de legitimación del sufrimiento: cabalmente, la dignidad ética de Job reside en el modo en que rechaza persistentemente la idea de que su sufrimiento pueda tener algún significado, ya fuera el castigo por sus actos pasados o el juicio a su fe, contra los tres teólogos que le bombardean con posibles significados, hasta el punto de que, sorprendentemente, al final Dios se pone de su lado, afirmando que todas las palabras pronunciadas por Job eran verdaderas, mientras que todas las pronunciadas por los tres teólogos eran falsas.

Al hilo de esta afirmación de la insensatez del sufrimiento de Job debemos insistir en el paralelismo entre Job y Cristo, en el sufrimiento de Job que anuncia el Camino de la Cruz: el sufrimiento de Cristo TAMBIÉN es insensato, no es un acto de intercambio dotado de sentido. Por supuesto, la diferencia consiste en que, en el caso de Cristo, la distancia que separa al hombre que desespera de sufrimiento (Job) de Dios se traslada al interior de Dios mismo, como su propia escisión radical o, para ser más exactos, su autoabandono. Esto significa que debemos arriesgarnos a hacer una lectura mucho más radical que de costumbre de aquellas palabras de Cristo: «Padre, ¿por qué me has abandonado?». Toda vez que con estas palabras no se trata de la distancia entre el hombre y Dios, sino de la escisión de Dios mismo, la solución no puede consistir en que Dios (re)aparezca con toda su majestad, revelando a Cristo el significado profundo de su sufrimiento (que era el Inocente sacrificado para redimir a la humanidad). El «Padre, ¿por qué me has abandonado?» de Cristo no es la queja ante el Dios Padre caprichoso y omnipotente cuyas vías resultan indescifrables para nosotros, humanos mortales, sino la queja que hace alusión al Dios IMPOTENTE: sucede, por el contrario, como con el niño que, creyendo que su padre es todopoderoso, descubre horrorizado que su padre no puede ayudarle. (Evocando un ejemplo de la historia reciente: en el momento de la crucifixión de Cristo, Dios Padre se encuentra en una posición en cierto modo similar a la del padre bosnio obligado a asistir a la violación colectiva de su propia hija, soportando el trauma final de su mirada compasiva-reprendedora: «Padre, ¿por qué me has abandonado?»...) En definitiva, con este «Padre, ¿por qué me has abandonado?», el que muere en realidad es Dios Padre, revelando su completa impotencia antes de ascender después desde los muertos como Espíritu Santo. Así pues, el paso del judaísmo al cristianismo es de nuevo el paso de la purificación a la sustracción: de la fascinación letal por la Cosa-Dios trascendente a la diferencia mínima que torna divino al Cristo-hombre.

En los tiempos de esplendor del estalinismo e incluso hasta 1962 (el XXII Congreso del PCUS, que llevó a cabo una condena pública más radical de Stalin), se podía ver en el lado superior izquierdo de cada número de *Pradva* un dibujo a modo de insignia que representaba los perfiles laterales de Lenin y Stalin. Después de 1962, con la «desestalinización», ocurrió algo bastante extraño: el dibujo no fue sustituido por un único dibujo de Lenin, sino por un dibujo *duplicado* de éste: dos perfiles laterales idénticos de Lenin: ¿cómo cabe leer esta asombrosa repetición? La lectura que se impone por sí misma es, por supuesto, la que interpreta que la referencia al Stalin ausente fue conservada en esta obligación de repetir a Lenin. Si, con anterioridad a la «desestalinización», la hagiografía oficial evocaba como un mantra a la banda de los cuatro estalinista («Marx, Engels, Lenin, Stalin»), entonces, después de 1962, deberían haberse limitado a convertirlo en «Marx, Engels, Lenin, Lenin»... Sin embargo, hay otro enfoque tal vez mucho más productivo: ¿y si la repetición de Lenin fuera el ejemplo primordial de la lógica de la sustracción, de la generación de la diferencia mínima?

Conclusión:
retorno
frente a repetición

Toda la historia de la Unión Soviética puede entenderse de forma equivalente a la famosa imagen de Roma que encontramos en Freud, esto es, la de una ciudad cuya historia está depositada en su presente en forma de diferentes capas de restos arqueológicos y en la que cada nuevo plano no cubre del todo al precedente, como –otro modelo– las siete capas de Troya, de tal suerte que la historia, en su regresión hacia épocas cada vez más viejas, procede como el arqueólogo que descubre nuevas capas sondeando cada vez más profundamente el terreno. ¿No fue acaso la historia (oficial e ideológica) de la Unión Soviética la misma acumulación de exclusiones, de conversión de personas en no personas, de escritura retroactiva de la historia? En toda lógica, la «desestalinización» estuvo marcada por el proceso contrario de «rehabilitación», de admisión de «errores» en la política pasada del partido. De este modo, la «rehabilitación» gradual de los ex dirigentes bolcheviques demonizados tal vez pueda servir de índice sensible de hasta dónde (y en qué dirección) pudo llegar la «desestalinización» de la Unión Soviética. Los primeros en ser rehabilitados fueron los altos dirigentes militares fusilados en 1937 (Tukhachevski y otros); el último en ser rehabilitado, ya en la época de Gorbachov, justo antes del hundimiento del régimen comunista, fue Bujarin, siendo esta última rehabilitación, por supuesto, un claro síntoma de un giro hacia el capitalismo: el Bujarin que fue rehabilitado fue aquel que, en la década de los veinte, defendió el pacto entre obreros y campesinos (propietarios de su tierra), lanzando el famoso eslogan «¡Enriqueceos!», y se opuso a la colectivización forzosa. Sin embargo, resulta significativo que una figura NUNCA llegara a ser rehabilitada, quedando excluida por los comunistas así como por los nacionalistas rusos anticomunistas: Trotski, el «judío errante» de la Revolución, el verdadero antiStalin, el archienemigo, que contraponía la «revolución permanente» a la idea de la «construcción del socialismo en un solo país».

Aquí nos vemos tentados a correr el riesgo de trazar un paralelismo con la distinción de Freud entre la represión primordial (fundadora) y la represión secundaria en el Inconsciente: la exclusión de Trotski equivalió a algo así como la «represión primordial» del Estado soviético, a algo que nunca puede ser readmitdo mediante la «rehabilitación», ya que todo el Orden se asentaba en este gesto negativo de exclusión[149]. Trotski es aquel que no encuentra un hueco ni en el socialismo realmente existente anterior a los noventa ni en el capitalismo realmente existente posterior a los noventa, en el que ni siquiera los comunistas nostálgicos saben qué hacer con la revolución permanente de Trotski; de modo que tal vez el significante «Trotski» sea la designación más apropiada de lo más digno que podemos rescatar del legado leninista. A este respecto debemos traer a la memoria el «Hiperión de Hölderlin», un extraño pero crucial ensayo breve de Geörgy Lukács que data de 1935, en el que elogia la conformidad hegeliana del Termidor napoleónico contra la fidelidad intransigente de Hölderlin a la utopía revolucionaria heroica:

> Hegel se adapta a la época postermidoriana y a la clausura del periodo revolucionario del desarrollo burgués y arma su filosofía partiendo precisamente de una comprensión de esta nueva coyuntura crítica de la historia mundial. Hölderlin rechaza todo compromiso con la realidad postermidoriana; permanece fiel al viejo ideal revolucionario de renovación de la democracia de la «polis» y es destruido por una realidad en la que ya no hay sitio para sus ideales, ni siquiera en el ámbito de la poesía y el pensamiento[150].

Lukács alude aquí a la idea marxiana de un periodo heroico de la Revolución Francesa en tanto que ruptura necesaria y entusiástica, que dio paso a la fase ramplona de las relaciones de mercado: la verdadera función social de la revolución consistió en crear las condiciones para el reinado prosaico de la economía burguesa, tan es así que el verdadero heroísmo no reside en aferrarse ciegamente al primer entusiasmo revolucionario, sino en reconocer «la rosa en la cruz del presente», como solía decir Hegel parafraseando a Lutero, esto es, en abandonar la postura del alma bella, aceptando plenamente el presente como el único dominio posible de la libertad real. Así pues, fue

---

[149] Se considera de buen tono afirmar que la ironía de la política de Stalin desde 1928 en adelante consistió en que en realidad ERA una especie de «revolución permanente», un estado de emergencia permanente en el que la revolución devoraba uno tras otro a sus propios hijos; sin embargo, esta afirmación es engañosa: el terror estalinista es el resultado paradójico del intento de ESTABILIZACIÓN de la Unión Soviética como un Estado como los demás, con fronteras e instituciones sólidas, es decir, el terror fue un gesto de pánico, una reacción de defensa contra la amenaza a la estabilidad del Estado.

[150] Geörgy LUKPÁCS, «Hölderlin's Hyperion», *Goethe and His Age*, Londres, Allen & Unwin, 1968, p. 137.

este «compromiso» con la realidad social lo que permitió a Hegel dar un paso adelante decisivo, que se tradujo en la superación de la idea protofascista de comunidad «orgánica» en el manuscrito de su *System der Sittlichkeit [Sistema de la eticidad]* en favor del análisis dialéctico de los antagonismos de la sociedad civil burguesa. (Aquí reside la paradoja propiamente dialéctica de la tentativa protofascista de volver a una comunidad «orgánica» premoderna: lejos de ser sencillamente «reaccionario», el «socialismo feudal» fascista es una especie de solución de compromiso, un intento fingido de construir el socialismo dentro de los límites del capitalismo.) Ni que decir tiene que este análisis de Lukács es profundamente alegórico: fue escrito dos meses después de que Trotski lanzara su tesis acerca del estalinismo como el Termidor de la Revolución de octubre. Así pues, el texto de Lukács debe leerse como una respuesta a Trotski: acepta su caracterización del régimen de Stalin como «termidoriano», dándole un giro positivo, ya que en vez de lamentarse ante la pérdida de la energía utópica, afirma que deben aceptarse, con heroísmo y al mismo tiempo resignación, sus consecuencias en tanto que ese escenario se constituye como el único espacio real de progreso social... Para Marx, por supuesto, la moderación del «día después» de la intoxicación revolucionaria señala la limitación originaria del proyecto revolucionario «burgués», la falsedad de su promesa de libertad universal: la «verdad» de los derechos humanos universales son los derechos del comercio y de propiedad privada. Si leemos la aprobación del Termidor estalinista por parte de Lukács, comprobamos que implica (cabe suponer que contra sus intenciones conscientes) una perspectiva pesimista completamente antimarxista: la revolución proletaria se caracteriza a su vez por la distancia que separa su afirmación universal e ilusoria de la libertad y el despertar bajo las nuevas relaciones de dominación y explotación, lo que significa que el proyecto comunista de realización de la «verdadera libertad» fracasó.

¿Qué haremos, pues, en estas condiciones? El problema de los pocos «leninistas» ortodoxos que quedan y que se comportan como si no hubiera más que reciclar el viejo leninismo, para seguir hablando de la traición de los impulsos revolucionarios de las masas por parte de los dirigentes corruptos, es que no queda nada claro desde qué posición subjetiva de enunciación están hablando: o se enzarzan en apasionadas discusiones acerca del pasado (demostrando con admirable erudición dónde y cómo los «leninólogos» anticomunistas falsifican a Lenin, etc.), en cuyo caso evitan la cuestión de *por qué (excepción hecha de un interés puramente histórico) esta temática cobra hoy algún tipo de importancia*, o bien, cuanto más se acercan a la política contemporánea, tanto más adoptan una postura completamente dominada por una jerga que no supone una amenaza para nadie. Cuando, en los últimos meses de 2001, el régimen de Milosevic en Serbia fue finalmente derrocado, muchos marxistas occidentales plantearon la siguiente pregunta: «¿Qué sucede con los mineros del carbón cuya huelga condujo a la interrupción del suministro eléctrico, contribuyendo decisivamente a la caída de Milosevic?

¿No fue acaso un auténtico movimiento obrero, que luego fue manipulado por los políticos, que eran nacionalistas o estaban comprados por la CIA?». El mismo punto sintomático surge con motivo de cada nueva convulsión social (como la desintegración del socialismo real hace diez años): en cada uno de estos casos, identifican un movimiento de clase obrera que supuestamente desplegó un verdadero potencial revolucionario o al menos socialista, pero que fue primero explotado y luego traicionado por las fuerzas procapitalistas y/o nacionalistas. De esta suerte, se puede seguir soñando que la Revolución está a la vuelta de la esquina: lo único que necesitamos es una auténtica dirigencia capaz de organizar los potenciales revolucionarios de los trabajadores. Si diéramos crédito a estas explicaciones, diríamos entonces que Solidarnosc fue al principio un movimiento democrático-socialista de los trabajadores que posteriormente fue «traicionado» por sus dirigentes, corrompidos por la Iglesia y la CIA... Por supuesto, hay un momento de verdad en este enfoque: la ironía final de la desintegración del comunismo fue que las grandes revueltas (en la RDA en 1953, en Hungría en 1956, Solidaridad en Polonia) fueron al principio sublevaciones *obreras* que sólo después prepararon el terreno para los movimientos «anticomunistas» normales: antes de sucumbir frente al enemigo «externo», el régimen cayó en la cuenta de su falsedad por mor de aquellos que estos «Estados obreros y campesinos» evocaban como su propia base social. Sin embargo, este mismo hecho demuestra también que la revuelta obrera carecía de todo compromiso socialista sustancial: en todos los casos, una vez que estalló el movimiento, fue tranquilamente hegemonizado por la ideología «burguesa» habitual (libertad política, propiedad privada, soberanía nacional, etcétera).

Esta misteriosa clase obrera cuyo empuje revolucionario se ve reiteradamente frustrado por los políticos traidores nacionalistas y/o liberales es el *fetiche* de algunos de los trotskistas que quedan, los verdaderos Hölderlin del marxismo actual. El punto singular de aversión que les permite sostener su interpretación global del estado de cosas. Su fijación fetichista al viejo marco del marxismo-leninismo es el exacto contrario de los discursos en boga acerca de los «nuevos paradigmas», acerca de la necesidad de abandonar los viejos «conceptos zombies» como clase obrera, etc.: las modalidades complementarias de evitar el esfuerzo de PENSAR lo nuevo que está surgiendo realmente en nuestros días. A este respecto, lo primero que hay que hacer consiste en eliminar esa aversión, admitiendo sin ambages que esta clase obrera «auténtica» sencillamente *no existe*[151]. Y si a esta posición agregamos otras cuatro más, tenemos un cuadro bastante

---

[151] Otro de sus fetiches consiste en creer que las cosas se torcieron en la Unión Soviética sólo porque Lenin no logró llevar a cabo una alianza forzada con Trotski para destituir a Stalin. Este fetiche ya es discernible en el propio Trotski, que, a causa precisamente de su «dogmatismo estructural» (su apego al esquema «marxista» global del desarrollo histórico), sólo puede entender el estalinismo como el producto de la personalidad de Stalin.

completo de la penosa situación de la izquierda actual: la aceptación de las guerras culturales (feminista, gay, antirracistas, etc., las luchas multiculturales) como terreno dominante de la política emancipatoria; la actitud puramente defensiva de protección de las conquistas del Estado del bienestar; la creencia ingenua en el cibercomunismo (la idea de que los nuevos *media* están creando directamente las condiciones de una nueva comunidad auténtica) y, por último, la Tercera Vía, la capitulación a secas.

John Berger ha escrito recientemente unas espléndidas consideraciones acerca de un cartel publicitario en francés de Selftrade, la compañía de inversiones por internet: bajo la imagen de una hoz y un martillo fundidos en oro y con incrustaciones de diamantes, puede leerse: «¿Y si la Bolsa beneficiara a todo el mundo?». La estrategia de este cartel es clara: hoy la Bolsa cumple los criterios igualitarios comunistas, todo el mundo puede participar en ella. Berger se abandona a un sencillo experimento mental: «¡Imaginemos una campaña publicitaria actual que usara la imagen de una esvástica fundida en oro y con incrustaciones de diamantes! Ni que decir tiene que no funcionaría. ¿Por qué? La esvástica se dirigía a los potenciales vencedores y no a los vencidos. Invocaba el dominio y no la justicia»[152]. Por el contrario, la hoz y el martillo invocaban la esperanza de que «al final la historia se pondrá del lado de aquellos que luchan por la justicia fraterna»[153]. La ironía consiste, pues, en que en el preciso momento en que la ideología hegemónica del «fin de las ideologías» proclama oficialmente la muerte de esta esperanza, una empresa paradigmáticamente «posindustrial» (¿hay algo más «posindustrial» que comerciar con acciones por internet?) tiene que movilizar esta esperanza latente para hacer que cuele su mensaje[154]. «Repetir Lenin» significa insuflar nueva vida a esta esperanza que continúa atormentándonos.

Por consiguiente, REPETIR Lenin NO significa una VUELTA a Lenin – *repetir Lenin consiste en aceptar que «Lenin ha muerto»*, que su solución particular fracasó, cabe decir

---

[152] John BERGER, «The Hammer and the Sickle», *Janus* 5 (2000), p. 16.

[153] John Berger, «The Hammer and the Sickle», cit., p. 17. La diferencia decisiva entre el nazismo y el estalinismo consiste, por supuesto, en que el régimen nazi no intervino en realidad en las relaciones de producción fundamentales, mientras que el estalinista llevó a cabo la colectivización forzosa, que alude a una voluntad de cambiar radicalmente las relaciones de producción primordiales.

[154] O, para abandonarnos a un experimento mental parecido: en los últimos días del socialismo realmente existente, la muchedumbre que nutría las protestas a menudo entonaba los cantos oficiales, incluyendo los himnos nacionales, recordando al poder sus promesas incumplidas. ¿Qué otra cosa podía hacer una muchedumbre de Alemania del Este en 1989 sino limitarse a cantar el himno nacional de la RDA? Como sus palabras (*Deutschland einig Vaterland* [«Alemania, una patria unida»]) ya no encajaban con la insistencia en que los alemanes del Este eran una nueva nación socialista, estuvo PROHIBIDO cantarlo en público desde finales de la década de los cincuenta hasta 1989: en las ceremonias oficiales sólo se interpretaba la versión para orquesta. (De esta suerte, ¡la RDA fue el único país en el que cantar el himno nacional era un delito!) ¿Cabe imaginar algo parecido bajo el nazismo?

incluso monstruosamente, pero que en ella hay un destello utópico que vale la pena rescatar[155]. Repetir a Lenin significa que hay que distinguir entre lo que Lenin hizo en realidad y el campo de posibilidades que inauguró, la tensión en Lenin entre lo que hizo en realidad y otra dimensión, que «no era Lenin, sino que estaba en Lenin». Repetir Lenin es repetir, no lo que HIZO Lenin, sino lo que NO LOGRÓ HACER, sus oportunidades PERDIDAS. Hoy Lenin se presenta como una figura procedente de otra zona horaria: el problema no estriba en que sus ideas de partido centralizado, etc., parezcan representar una «amenaza totalitaria», sino que, por el contrario, estriba en que parecen pertenecer a una época diferente con la que ya no podemos conectar adecuadamente. Sin embargo, en vez de leer este hecho como la confirmación de que Lenin está anticuado, tal vez debiéramos correr el riesgo de formular la conjetura opuesta: ¿y si esta impenetrabilidad de Lenin fuera el signo de que algo no funciona en NUESTRA época? ¿Y si el hecho de que Lenin nos parezca irrelevante, «desincronizado» con respecto a nuestros tiempos posmodernos, viniera a comunicar el mensaje mucho más inquietante que dice que es nuestro propio tiempo el que está «desincronizado», que está perdiendo una determinada dimensión histórica?[156] Si a algunos este tipo de afirmaciones les recuerdan en exceso aquella denostada ocurrencia de Hegel cuando el descubrimiento del noveno planeta del sistema solar (Plutón) invalidó su deducción de que sólo podía haber ocho planetas alrededor del Sol: «¡Peor para los hechos!», entonces debemos estar preparados para asumir plenamente esta paradoja.

Hay un viejo chiste sobre el socialismo como síntesis de las mejores conquistas de toda la historia humana: de las sociedades prehistóricas rescató el primitivismo; del mundo antiguo, la esclavitud; de la sociedad medieval, la dominación brutal; del capitalismo, la explotación y del socialismo, el nombre... ¿No hay algo parecido en nuestro intento de repetición del gesto de Lenin? De la crítica cultural conservadora rescata la idea de que la democracia actual ya no es el lugar en el que se toman las decisiones cruciales; de los ideólogos del ciberespacio, la idea de que la red digital global ofrece un nuevo espacio de vida comunal, etc., y de Lenin más o menos sólo el nombre... Sin embargo, este solo hecho puede tornarse en un argumento A FAVOR de la «vuelta a

---

[155] Tal vez habría que rehabilitar la distición marxiana (implícita) entre la clase obrera (una categoría social «objetiva», motivo de estudios sociológicos) y el proletariado (una determina posición SUBJETIVA: la clase «para sí», la encarnación de la negatividad social, por utilizar la vieja y bastante desafortunada expresión). En vez de seguir buscando a la clase obrera desaparecida, sería mejor preguntarse: ¿quién ocupa, quién es capaz de subjetivizar hoy su posición como proletaria?

[156] En un ámbito metodológico más general, habría que dar la vuelta también al punto de vista seudonietzscheano habitual para el cual el pasado que construimos en nuestra historiografía es un síntoma, una articulación de nuestros problemas presentes: ¿y si, por el contrario, nosotros mismos —nuestro presente— fuéramos un síntoma de los atolladeros del pasado?

Lenin»: no cuesta demostrar hasta qué punto el SIGNIFICANTE «Lenin» conserva su carga subversiva; por ejemplo, cuando uno utiliza el argumento «leninista» que demuestra el agotamiento de la democracia actual, que no es allí donde se toman las decisiones clave, le acusan directamente de «totalitario»; cuando un argumento similar llega de boca de sociólogos o incluso de personas como Vaclav Havel, son elogiados por la perspicacia de sus observaciones... ESTA resistencia es la respuesta a la pregunta «¿Por qué Lenin?»: el significante «Lenin» FORMALIZA un contenido encontrado en otra parte, transformando una serie de nociones comunes en una formación teórica subversiva.